지은이 **전기현**

아이들이 바르고 큰 생각으로 자라길 바라는 마음으로 수업과 연구에 힘쓰고 있는 12년 차 초등학교 교사입니다. 교실에서 아이들을 가르치며 초등 저학년 시기 어휘력 다지기의 중요성을 느껴 그 가치를 교육 현장 안팎에서 널리 알리고 있습니다. 진주교육대학교에서 초등교육 및 국어교육을 전공, 현재 세종 나래초등학교에서 아이들을 가르치고 있으며, 세종특별자치시교육청교육원 소속 세종글쓰기교육연구회 대표를 맡고 있습니다. 세종시교육청 유-초 연계교육 교사협의체 연구위원, 세종시교육청 창의융합형 영재교육 프로그램 개발위원, 한국교육개발원(KEDI) 연계 역량중심 영재교육 프로그램 개발위원 등을 역임하였습니다. 지은 책으로 《초등학생이 딱 알아야 할 사회 상식 이야기》, 《초등학생이 딱 알아야 할 한국사 상식 이야기》, 《초등학생이 딱 알아야 할 세계사 상식 이야기》, 《자존감을 높이는 칭찬일기》, 《어떻게 글쓰기, 이렇게 글쓰기 교육》, 《바둑 한판 어때》, 《미니 바둑 퍼즐》 등이 있으며, 감수한 책으로 《읽으면서 바로 써먹는 어린이 한국사 퀴즈 1》이 있습니다.

헷갈리기 쉬운
초등 필수 어휘 따라 쓰기

펴낸날 초판 1쇄 2021년 2월 26일
　　　　　2쇄 2022년 1월 7일

지은이 전기현

펴낸이 강진수
편 집 김은숙, 김도연
디자인 임수현

인 쇄 (주)사피엔스컬쳐

펴낸곳 (주)북스고 출판등록 제2017-000136호 2017년 11월 23일
주 소 서울시 중구 서소문로 116 유원빌딩 1511호
전 화 (02) 6403-0042 **팩 스** (02) 6499-1053

ISBN 979-11-89612-91-7 63700

책 출간을 원하시는 분은 이메일 booksgo@naver.com로 간단한 개요와 취지, 연락처 등을 보내주세요.
Booksgo는 건강하고 행복한 삶을 위한 가치 있는 콘텐츠를 만듭니다.

헷갈리기 쉬운

초등
필수 어휘

120개 완성

따라쓰기

전기현 지음

어휘력, 왜 중요할까

'어휘력'은 학습의 기초라고 말합니다. 왜 그럴까요? 바로 각자의 어휘력에 따라 공부 내용의 이해와 표현이 달라지기 때문입니다. 일상 속 대화, 교과서 속 문장 등에는 수많은 어휘가 녹아들어 있습니다. 우리 아이들은 자연스레 여러 어휘들을 만나고 활용해야 하는 상황에 놓이게 되지요. 하지만 의외로 상당수의 아이들이 정확히 뜻을 알지 못한 상태에서 어휘를 접하고 이해하는 데 어려움을 겪습니다. 알고 있어야 할 어휘를 제때 익히지 못해 교과서나 학습 상황에서 낯선 어휘를 만날 때마다 주눅이 들기도 합니다.

하나의 어휘가 여러 교과에 등장하는 경우가 많기 때문에 어휘력은 곧 전반적인 학습 성취와 연결됩니다. 여기서 생기는 차이는 학년이 올라갈수록 더욱 커집니다. 어휘력의 기초를 충분히 쌓지 못하면 아이가 글을 읽고 생각을 표현하는 데 있어 단편적이게 되고, 그 격차를 극복하기 위해서는 많은 노력이 요구됩니다. 따라서 제때를 놓치지 않는 어휘 학습이 반드시 필요하다고 할 수 있습니다. 특히 초등 저학년 시기의 어휘 학습은 향후 학습을 보다 자신감 있고 주도적으로 만들어 주기에 무척 중요합니다.

어휘력은 비단 학습 이해에서만 중요한 것은 아닙니다. 성장의 핵심이 되는 사고력과 표현력 신장과도 관련됩니다. 바르고 정확한 어휘 사용으로 아이의 사고력과 표현력이 높아지면 아이의 내적 성장은 물론, 학교에서의 생활도 긍정적인 탄력을 받을 수 있습니다.

초등학교 1·2학년 교과서 수록 어휘로
예비 초등생부터 초등 저학년까지
우리 아이 자신감을 높여 주세요

2015 개정교육과정 초등 1·2학년 교과서 및 성취기준을 분석·반영하여 우리 아이가 꼭 알아야 할 필수 어휘를 선별하였습니다. 아이들의 실생활과 교실에서 자주 만날 수 있는 어휘를 체계적으로 익히며, 눈에 띄는 학습 효과를 이룰 수 있습니다.

특히 '맞춤법과 발음이 달라 헷갈리기 쉬운 어휘', '뜻이 전혀 다르지만 맞춤법이 비슷해 자주 틀리는 어휘'를 반복적으로 익히며 탄탄한 어휘력은 물론 독해력을 키울 수 있습니다.

하루에 딱 한 장, 120개 초등 필수 어휘를 완성하여 우리 아이 어휘력을 탄탄하게 만들어 주세요.

읽고, 쓰고, 생각하며
탄탄한 어휘력을 만들어 보세요

초등학교 저학년 교육과정에서는 짧은 글이 많이 등장하기에 어휘력이 탄탄할수록 학습에 유리합니다. 어휘력을 높이기 위해서는 문장 속에서 어휘가 어떻게 쓰이는지 알아야 합니다.

《헷갈리기 쉬운 초등 필수 어휘 따라 쓰기》에서는 어휘가 포함된 다양한 문장을 먼저 읽고, 문장을 따라 쓰며 활용을 정확히 익히도록 중점을 두었습니다. 여기에 더해 아이가 직접 문장을 완성하며 어휘력과 문장력까지 갖출 수 있도록 체계적으로 구성하였습니다.

3단계
어휘 익히기

하루 한 장으로
쑥쑥 자라나는 어휘력

읽고, 쓰고, 생각하며 어휘력과 함께 맞춤법, 띄어쓰기까지 공부할 수 있습니다.

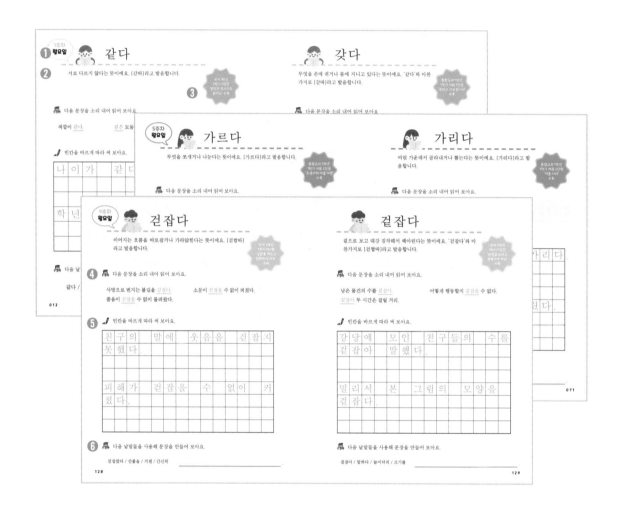

❶ 오늘 배울 어휘를 알아보아요.

❷ 어휘의 뜻과 어떻게 발음되는지 알아보아요.

❸ 어휘가 수록된 교과서 범위를 확인할 수 있어요.

❹ 문장을 소리 내어 읽으며 어휘가 어떻게 쓰이는지 알아보아요.

❺ 문장을 따라 쓰며 어휘의 쓰임새와 맞춤법, 띄어쓰기를 익혀 보아요.

❻ 배운 어휘를 활용해 문장을 만들고 어휘력을 다져 보아요.

배운 내용 복습하고
헷갈리기 쉬운 어휘 완정 정복

5일치 공부를 마치고 복습하기를 통해 어휘 공부를 완성할 수 있습니다.

❶ 문장을 따라 쓰며 한 주 동안 배운 내용을 복습해 보아요.

❷ 어휘의 뜻을 찾아 연결해 보아요.

❸ 빈칸에 알맞은 어휘를 찾아 써 보아요.

❹ 올바른 어휘를 골라 문장을 완성해 보아요.

❺ 완성한 문장을 따라 쓰며 공부 내용을 점검해 보아요.

1단계
어휘 익히기

같다

서로 다르지 않다는 뜻이에요. [갇따]라고 발음합니다.

국어 1학년
2학기 5단원
'알맞은 목소리로
읽어요' 수록

 다음 문장을 소리 내어 읽어 보아요.

색깔이 <u>같다.</u>   <u>같은</u> 모둠이 되다.   이름이 <u>같은</u> 그 친구.

✏️ 빈칸을 바르게 따라 써 보아요.

나	이	가		같	다	.					
학	년	이		같	다	.					

다음 낱말들을 사용해 문장을 만들어 보아요.

같다 / 키가

_____.

갖다

무엇을 손에 쥐거나 몸에 지니고 있다는 뜻이에요. '같다'와 마찬가지로 [갇따]라고 발음합니다.

통합교과 1학년
1학기 여름 1단원
'우리는 가족입니다'
수록

 다음 문장을 소리 내어 읽어 보아요.

새 연필을 갖다.　　　　　장난감을 갖고 놀다.　　　　　책을 갖고 있다.

✏️ 빈칸을 바르게 따라 써 보아요.

예	쁜		수	첩	을		갖	게		되	다	.
공	을		갖	고		가	다	.				

 다음 낱말들을 사용해 문장을 만들어 보아요.

갖다 / 사탕을　＿＿＿＿＿＿＿＿＿＿＿＿＿＿＿＿＿＿ .

거들다

남의 일을 함께 돕는다는 뜻이에요. [거:들다]라고 발음합니다.

국어 2학년
1학기 8단원
'마음을 짐작해요'
수록

 다음 문장을 소리 내어 읽어 보아요.

심부름을 거들다.   나르는 일을 거들다.   장난감 찾는 것을 거들었다.

✏️ 빈칸을 바르게 따라 써 보아요.

음	식		준	비	를		거	들	다	.	
청	소	를		거	들	고		있	다	.	

다음 낱말들을 사용해 문장을 만들어 보아요.

거들다 / 정리를 _____.

건들다

손으로 무언가를 만져 조금 움직이게 한다는 뜻이에요.
[건:들다]라고 발음합니다.

통합교과 1학년
1학기 봄 2단원
'도란도란 봄 동산'
수록

다음 문장을 소리 내어 읽어 보아요.

어깨를 건들다.　　　　꽃잎을 건들다.　　　　물방울을 건드리다.

빈칸을 바르게 따라 써 보아요.

탑	을		건	드	리	니		무	너	졌	다	.
모	래	성	을		건	드	렸	다	.			

다음 낱말들을 사용해 문장을 만들어 보아요.

건드렸다 / 무당벌레를 ＿＿＿＿＿＿＿＿＿＿＿＿＿.

깊다

겉에서 속까지의 거리가 멀다는 뜻이에요. [깁따]라고 발음합니다.

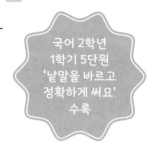
국어 2학년
1학기 5단원
'낱말을 바르고
정확하게 써요'
수록

 다음 문장을 소리 내어 읽어 보아요.

바닥이 <u>깊다.</u>   <u>깊고 깊은</u> 산속.   <u>깊은</u> 바닷속 여행.

✏️ 빈칸을 바르게 따라 써 보아요.

뿌	리		깊	은		나	무	.			
깊	게		파	인		보	조	개	.		

다음 낱말들을 사용해 문장을 만들어 보아요.

깊다 / 동굴이 _____ .

깁다

떨어지거나 낡은 곳에 조각을 대고 꿰맨다는 뜻이에요. [깁:따]
라고 발음합니다.

국어 2학년
1학기 5단원
'낱말을 바르고
정확하게 써요'
수록

 다음 문장을 소리 내어 읽어 보아요.

구멍난 옷을 깁다.   앞치마를 깁다.   찢어진 장갑을 깁다.

 빈칸을 바르게 따라 써 보아요.

양	말	을		기	웠	다	.		
그	물	을		깁	고		있	다	.

 다음 낱말들을 사용해 문장을 만들어 보아요.

기웠다 / 구멍을 _____ .

끊다

길게 이어진 것을 잘라 따로 떨어지게 만든다는 뜻이에요.
[끈타]라고 발음합니다.

국어 1학년
2학기 2단원
'소리와 모양을
흉내 내요'
수록

 다음 문장을 소리 내어 읽어 보아요.

테이프를 끊다.　　　　　고무줄을 끊다.　　　　　묶은 끈을 끊다.

✏️ 빈칸을 바르게 따라 써 보아요.

줄	을		끊	었	다	.			
털	실	이		끊	어	지	다	.	

다음 낱말들을 사용해 문장을 만들어 보아요.

끊다 / 노끈을

_____ .

끓다

물 같은 액체가 뜨거워져 부글부글 솟아오르는 상태를 뜻해요.
[끌타]라고 발음합니다.

국어 2학년
2학기 11단원
'실감나게 표현해요'
수록

 다음 문장을 소리 내어 읽어 보아요.

국물이 <u>끓다</u>.   펄펄 <u>끓는</u> 기름.   물이 <u>끓었다</u>.

✏️ 빈칸을 바르게 따라 써 보아요.

뭇	국	이		끓	다	.			
찌	개	가		끓	고		있	다	.

다음 낱말들을 사용해 문장을 만들어 보아요.

끓다 / 라면이 _____ .

낳다

배 속의 아이나 새끼, 알을 몸 밖으로 내놓는다는 뜻이에요.
[나:타]라고 발음합니다.

국어 1학년
1학기 9단원
'그림일기를 써요'
수록

 다음 문장을 소리 내어 읽어 보아요.

아들을 낳다.   닭이 알을 낳다.   강아지가 새끼를 낳다.

✏️ 빈칸을 바르게 따라 써 보아요.

쌍	둥	이	를		낳	다	.			
새	가		알	을		낳	았	다	.	

👦 다음 낱말들을 사용해 문장을 만들어 보아요.

낳다 / 자식을 _____ .

낮다

높이가 기준에 미치지 못한다는 뜻이에요. [낟따]라고 발음합니다.

통합교과 1학년 1학기 봄 2단원 '도란도란 봄 동산' 수록

다음 문장을 소리 내어 읽어 보아요.

책상이 <u>낮다</u>.   산이 <u>낮다</u>.   <u>낮게</u> 깔린 구름.

빈칸을 바르게 따라 써 보아요.

언	덕	이		낮	다	.					
지	붕	이		낮	다	.					

다음 낱말들을 사용해 문장을 만들어 보아요.

낮다 / 천장이   _____ .

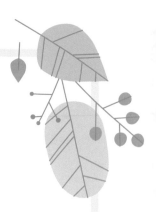

✏️ 배운 내용을 확인해 보아요.

1주차 월요일   같다 / 갖다

색깔이 같다.

새 연필을 갖다.

1주차 화요일   거들다 / 건들다

심부름을 거들다.

어깨를 건들다.

1주차 수요일   깊다 / 깁다

바닥이 깊다.

구멍난 옷을 깁다.

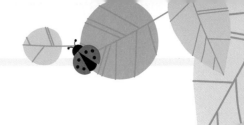

1주차 목요일   끊다 / 끓다

테이프를 끊다.

국물이 끓다.

_____

1주차 금요일   낳다 / 낮다

아들을 낳다.

책상이 낮다.

_____

✎ 알맞은 뜻을 찾아 선으로 이어 보아요.

ㄱ 같다 •　　　• ① 손으로 무언가를 만져 조금 움직이게 하다.

ㄴ 깁다 •　　　• ② 길게 이어진 것을 잘라 따로 떨어지게 만들다.

ㄷ 건들다 •　　　• ③ 서로 다르지 않다.

ㄹ 낳다 •　　　• ④ 배 속의 아이나 새끼, 알을 몸 밖으로 내놓다.

ㅁ 끊다 •　　　• ⑤ 떨어지거나 낡은 곳에 조각을 대고 꿰매다.

✎ 〈보기〉에서 알맞은 낱말을 찾아 빈칸에 써 보아요.

〈 보 기 〉
같은　거드셨다　깊은　끊은　낳으셨다

아버지께서 삼촌의 일을 _____.

혈액형이 _____ 남매.

✏️ 괄호 안에 들어갈 알맞은 낱말에 동그라미 해 보아요.

축구 선수라는 꿈을 (같다 / 갖다).

친구의 청소를 (거들었다 / 건들었다).

그 웅덩이는 매우 (깊었다 / 깁었다).

맛있게 (끊고 / 끓고) 있는 생일 미역국.

갈매기가 (낳게 / 낮게) 날다.

✏️ 동그라미 표시를 한 문장을 써 본 후 소리 내어 읽어 보아요.

느리다

행동이 빠르지 못하거나 성질이 급하지 않다는 뜻이에요.
[느리다]라고 발음합니다.

 다음 문장을 소리 내어 읽어 보아요.

걸음이 느리다.   동작이 느리다.   행동이 느렸다.

✏️ 빈칸을 바르게 따라 써 보아요.

달	팽	이	는		느	리	다	.			
달	리	기	가		느	렸	다	.			

다음 낱말들을 사용해 문장을 만들어 보아요.

느리다 / 거북이는 _____.

늘이다

어떤 것을 원래보다 더 길어지게 한다는 뜻이에요. '느리다'와
마찬가지로 [느리다]라고 발음합니다.

 국어 2학년
1학기 5단원
'낱말을 바르고
정확하게 써요'
수록

 다음 문장을 소리 내어 읽어 보아요.

고무줄을 <u>늘이다</u>.   옷기장을 <u>늘이다</u>.   치즈를 길게 <u>늘였다</u>.

✏️ 빈칸을 바르게 따라 써 보아요.

용	수	철	을		늘	이	다	.			
소	매	를		늘	일		것	이	다	.	

👦 다음 낱말들을 사용해 문장을 만들어 보아요.

늘였다 / 엿가락을 _____ .

다리다

다리미로 구겨진 주름을 문질러 편다는 뜻이에요. [다리다]라고
발음합니다.

국어 2학년 1학기
5단원 '낱말을
바르고 정확하게
써요' 수록

 다음 문장을 소리 내어 읽어 보아요.

바지를 다리다.   셔츠를 다리다.   치마를 다렸다.

✏️ 빈칸을 바르게 따라 써 보아요.

교	복	을		다	리	다	.		
다	리	미	로		옷	을		다	렸	다	.

다음 낱말들을 사용해 문장을 만들어 보아요.

다리다 / 윗옷을 _____ .

달이다

음식이나 약 등에 물을 넣어 끓여서 진하게 만든다는 뜻이에요.
'다리다'와 마찬가지로 [다리다]라고 발음합니다.

국어 2학년 1학기
5단원 '낱말을
바르고 정확하게
써요' 수록

 다음 문장을 소리 내어 읽어 보아요.

약을 달이다.   간장을 달이다.   차를 달였다.

✏️ 빈칸을 바르게 따라 써 보아요.

한	약	을		달	였	다.					
대	추	를		달	여		마	셨	다.		

👦 다음 낱말들을 사용해 문장을 만들어 보아요.

달이다 / 보약을 _____.

닮다

어떤 것과 모습이나 행동, 성질이 비슷하다는 뜻이에요.
[담:따]라고 발음합니다.

 다음 문장을 소리 내어 읽어 보아요.

얼굴이 닮다.   목소리가 서로 닮다.   모습이 닮았다.

✏️ 빈칸을 바르게 따라 써 보아요.

잠	버	릇	이		서	로		닮	다	.	
아	버	지	를		닮	은		아	들	.	

다음 낱말들을 사용해 문장을 만들어 보아요.

닮았다 / 생김새가 _____ .

담다

어떤 물건을 그릇 따위에 넣는다는 뜻이에요. '닮다'와 마찬가지로 [담:따]라고 발음합니다.

통합교과 2학년
2학기 가을 2단원
'가을아 어디 있니'
수록

 다음 문장을 소리 내어 읽어 보아요.

접시에 과일을 담다.　　　쓰레기통에 휴지를 담다.　　흙을 담은 화분.

✏️ 빈칸을 바르게 따라 써 보아요.

바	구	니	에		귤	을		담	다	.
컵	에		얼	음	을		담	았	다	.

 다음 낱말들을 사용해 문장을 만들어 보아요.

담다 / 그릇에 _____ .

닿다

어느 것이 다른 것에 가까이 가서 붙는다는 뜻이에요. [다:타]라
고 발음합니다.

국어 1학년
1학기 1단원
'바른 자세로 읽고
쓰기' 수록

 다음 문장을 소리 내어 읽어 보아요.

손에 닿다. 얼굴에 닿다. 발이 바닥에 닿았다.

✏️ 빈칸을 바르게 따라 써 보아요.

발	끝	에		닿	은		조	약	돌	.	
어	깨	가		서	로			닿	았	다	.

👦 다음 낱말들을 사용해 문장을 만들어 보아요.

닿다 / 물에 _____ .

닳다

오래 써서 낡아지거나 줄어든다는 뜻이에요. [달타]라고 발음합니다.

국어 2학년
2학기 8단원
'바르게 말해요'
수록

📖 다음 문장을 소리 내어 읽어 보아요.

신발 끝이 닳다.   옷깃이 닳다.   손톱이 닳았다.

✏️ 빈칸을 바르게 따라 써 보아요.

구	두	가		닳	았	다	.		
바	지	가		닳	아		있	다	.

👦 다음 낱말들을 사용해 문장을 만들어 보아요.

닳다 / 발톱이 _____ .

덥다

기온이 높거나 몸에 느끼는 기운이 뜨겁다는 뜻이에요. [덥:따]
라고 발음합니다.

 다음 문장을 소리 내어 읽어 보아요.

날씨가 덥다.   온몸이 덥다.   방 안이 더웠다.

✏️ 빈칸을 바르게 따라 써 보아요.

여	름	은		덥	다	.			
더	운		바	람	이		분	다	.

👦 다음 낱말들을 사용해 문장을 만들어 보아요.

덥다 / 교실이 _____ .

034

 # 덮다

물건 따위가 보이지 않도록 넓은 천 등으로 얹어 씌운다는 뜻이에요. [덥따]라고 발음합니다.

 다음 문장을 소리 내어 읽어 보아요.

이불을 덮다.   식탁보로 덮다.   손수건으로 덮었다.

✏️ 빈칸을 바르게 따라 써 보아요.

하	얀		천	으	로		덮	다	.		
보	자	기	를		덮	어		놓	다	.	

다음 낱말들을 사용해 문장을 만들어 보아요.

덮다 / 신문지로 _____ .

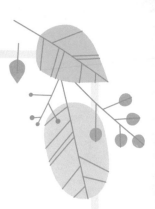

 배운 내용을 확인해 보아요.

2주차 월요일　느리다 / 늘이다

걸음이 느리다.

고무줄을 늘이다.

2주차 화요일　다리다 / 달이다

바지를 다리다.

약을 달이다.

2주차 수요일　닮다 / 담다

얼굴이 닮다.

접시에 과일을 담다.

닿다 / 닳다

손에 닿다.

신발 끝이 닳다.

덥다 / 덮다

날씨가 덥다.

이불을 덮다.

✏️ 알맞은 뜻을 찾아 선으로 이어 보아요.

ㄱ 달이다   •   • 1   음식이나 약 등에 물을 넣어 끓여서 진하게 만들다.

ㄴ 늘이다   •   • 2   어떤 것과 모습이나 행동, 성질이 비슷하다.

ㄷ 닳다   •   • 3   기온이 높거나 몸에 느끼는 기운이 뜨겁다.

ㄹ 덥다   •   • 4   어떤 것을 원래보다 더 길어지게 하다.

ㅁ 닮다   •   • 5   오래 써서 낡아지거나 줄어들다.

✏️ 〈보기〉에서 알맞은 낱말을 찾아 빈칸에 써 보아요.

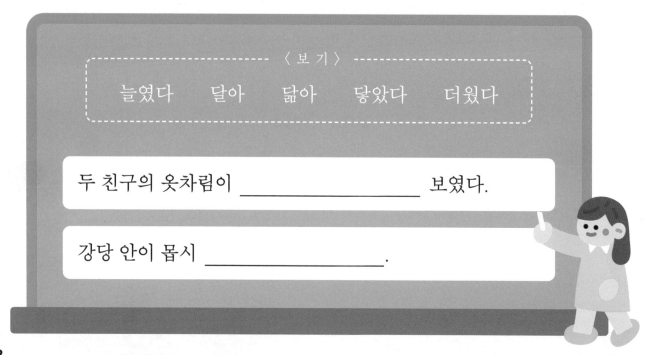

— 〈 보 기 〉 —
늘였다   달아   닮아   닿았다   더웠다

두 친구의 옷차림이 _____ 보였다.

강당 안이 몹시 _____.

✏️ 괄호 안에 들어갈 알맞은 낱말에 동그라미 해 보아요.

자동차들이 (느리게 / 늘이게) 가고 있다.

어머니께서 옷을 (다리고 / 달이고) 계셨다.

예쁜 화분에 흙을 (닮았다 / 담았다).

손가락 끝에 나뭇잎이 (닿았다 / 닳았다).

이불을 머리끝까지 (덥었다 / 덮었다).

✏️ 동그라미 표시를 한 문장을 써 본 후 소리 내어 읽어 보아요.

매다

두 끝이 풀리지 않게 잡아 묶는다는 뜻이에요. [매:다]라고 발음합니다.

통합교과 1학년
2학기 겨울 2단원
'우리의 겨울'
수록

 다음 문장을 소리 내어 읽어 보아요.

끈을 매다.   넥타이를 매다.   안전벨트를 매었다.

✏ 빈칸을 바르게 따라 써 보아요.

신	발	끈	을		매	다	.			
허	리	띠	를		매	었	다	.		

다음 낱말들을 사용해 문장을 만들어 보아요.

매다 / 목도리를   _____

메다

물건을 어깨에 진다는 뜻이에요. [메:다]라고 발음합니다.

국어 1학년 1학기
8단원 '소리 내어
또박또박 읽어요'
수록

다음 문장을 소리 내어 읽어 보아요.

배낭을 메다.   가마를 메다.   소금 자루를 메었다.

빈칸을 바르게 따라 써 보아요.

큰		카	메	라	를		메	다	.		
가	방	을		메	고		가	다	.		

다음 낱말들을 사용해 문장을 만들어 보아요.

메다 / 짐을 _____ .

밟다

발을 무엇 위에 대고 디딘다는 뜻이에요. [밥:따]라고 발음합니다.

통합교과 1학년
2학기 가을 2단원
'현규의 추석'
수록

 다음 문장을 소리 내어 읽어 보아요.

흙을 밟다.   실수로 발을 밟다.   낙엽을 밟았다.

✏️ 빈칸을 바르게 따라 써 보아요.

디	딤	돌	을		밟	다	.				
페	달	을			밟	았	다	.			

다음 낱말들을 사용해 문장을 만들어 보아요.

밟다 / 잔디를 _____ .

밝다

불빛 따위가 환하다는 뜻이에요. [박따]라고 발음합니다.

통합교과 1학년 2학기 가을 2단원 '현규의 추석' 수록

다음 문장을 소리 내어 읽어 보아요.

햇살이 <u>밝다.</u>   보름달이 <u>밝다.</u>   <u>밝은</u> 가로등.

빈칸을 바르게 따라 써 보아요.

불	빛	이		밝	다	.			
대	낮	처	럼		밝	았	다	.	

다음 낱말들을 사용해 문장을 만들어 보아요.

밝다 / 달빛이   _____ .

배다

물기나 냄새 따위가 스며든다는 뜻이에요. [배ː다]라고 발음합니다.

통합교과 1학년 2학기 겨울 1단원 '여기는 우리나라' 수록

 다음 문장을 소리 내어 읽어 보아요.

옷에 땀이 <u>배다</u>.　　　　종이에 먹물이 <u>배다</u>.　　　　고기 냄새가 <u>배었다</u>.

✏️ 빈칸을 바르게 따라 써 보아요.

습	기	가		배	다	.					
기	름	이		배	었	다	.				

다음 낱말들을 사용해 문장을 만들어 보아요.

배다 / 향기가　_____.

베다

베개 따위로 고개를 받친다는 뜻이에요. [베:다]라고 발음합니다.

통합교과 2학년
2학기 가을 2단원
'가을아 어디 있니'
수록

다음 문장을 소리 내어 읽어 보아요.

무릎을 베다.　　　　폭신한 베개를 베다.　　　　아빠의 팔을 베었다.

빈칸을 바르게 따라 써 보아요.

돌	베	개	를		베	다	.		
허	벅	지	를		베	고		눕	다	.

다음 낱말들을 사용해 문장을 만들어 보아요.

베다 / 무릎베개를 _____.

빗다

가루를 반죽하여 만두나 송편, 경단 등을 만든다는 뜻이에요.
[빈따]라고 발음합니다.

 국어 1학년
2학기 8단원
'띄어 읽어요'
수록

 다음 문장을 소리 내어 읽어 보아요.

송편을 <u>빗다.</u>   맛있는 경단을 <u>빗다.</u>   납작만두를 <u>빗었다.</u>

✏️ 빈칸을 바르게 따라 써 보아요.

떡	을		동	글	동	글		빗	다	.	
쑥	절	편	을			빗	었	다	.		

다음 낱말들을 사용해 문장을 만들어 보아요.

빗었다 / 왕만두를 _____.

빗다

엉클어진 머리털을 빗 따위로 가지런히 고른다는 뜻이에요. '빛다'와 마찬가지로 [빋따]라고 발음합니다.

통합교과 2학년
1학기 봄 1단원
'알쏭달쏭 나'
수록

다음 문장을 소리 내어 읽어 보아요.

머리를 곱게 빗다.   빗으로 머리를 빗다.   단정하게 빗은 머리.

빈칸을 바르게 따라 써 보아요.

머	리	를		말	끔	하	게		빗	다	.
손	빗	으	로			빗	었	다	.		

다음 낱말들을 사용해 문장을 만들어 보아요.

빗다 / 솔빗으로 _____ .

엎다

위아래가 반대가 되도록 뒤집는다는 뜻이에요. [업따]라고
발음합니다.

국어 1학년
2학기 3단원
'문장으로 표현해요'
수록

 다음 문장을 소리 내어 읽어 보아요.

바가지를 엎다.   책을 엎다.   그릇을 엎어 놓다.

✏️ 빈칸을 바르게 따라 써 보아요.

이	불	을		엎	다	.			
컵	을		엎	어		놓	다	.	

다음 낱말들을 사용해 문장을 만들어 보아요.

엎다 / 접시를 _____.

 # 업다

사람이나 물건을 등에 진다는 뜻이에요. '엎다'와 마찬가지로
[업따]라고 발음합니다.

 다음 문장을 소리 내어 읽어 보아요.

아기를 업다.   아픈 사람을 업다.   아빠가 딸을 업었다.

✏️ 빈칸을 바르게 따라 써 보아요.

작	은		인	형	을		업	다	.		
친	구	를		업	고		뛰	다	.		

다음 낱말들을 사용해 문장을 만들어 보아요.

업다 / 동생을 _____ .

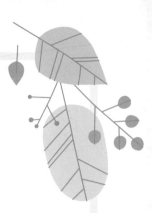

복습하기

 배운 내용을 확인해 보아요.

3주차 월요일 매다 / 메다

끈을 매다.

배낭을 메다.

3주차 화요일 밟다 / 밝다

흙을 밟다.

햇살이 밝다.

3주차 수요일 배다 / 베다

옷에 땀이 배다.

무릎을 베다.

빗다 / 빗다

송편을 빚다.

머리를 곱게 빗다.

엎다 / 업다

바가지를 엎다.

아기를 업다.

✏️ 알맞은 뜻을 찾아 선으로 이어 보아요.

ㄱ 배다 •   • ① 가루를 반죽하여 만두나 송편, 경단 등을 만들다.

ㄴ 밟다 •   • ② 물기나 냄새 따위가 스며들다.

ㄷ 빚다 •   • ③ 물건을 어깨에 지다.

ㄹ 업다 •   • ④ 발을 무엇 위에 대고 디디다.

ㅁ 메다 •   • ⑤ 사람이나 물건을 등에 지다.

✏️ 〈보기〉에서 알맞은 낱말을 찾아 빈칸에 써 보아요.

〈 보 기 〉

매었다   밟았다   배었다   빚어   엎어

가족과 함께 송편을 _____ 먹었다.

미끄러운 계단을 조심스레 _____.

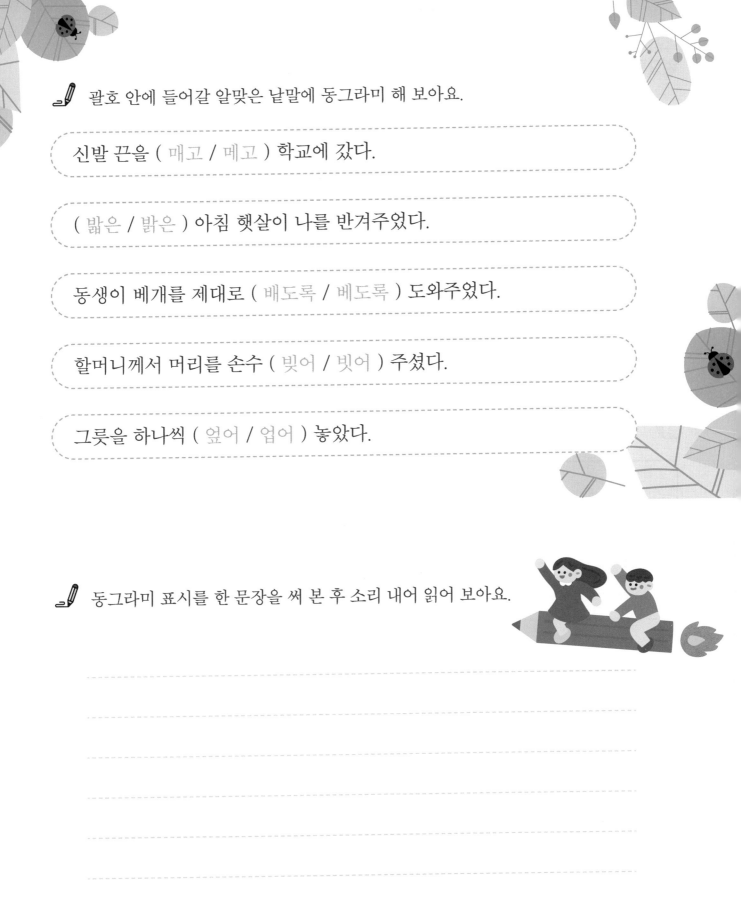

✏️ 괄호 안에 들어갈 알맞은 낱말에 동그라미 해 보아요.

신발 끈을 (매고 / 메고) 학교에 갔다.

(밟은 / 밝은) 아침 햇살이 나를 반겨주었다.

동생이 베개를 제대로 (배도록 / 베도록) 도와주었다.

할머니께서 머리를 손수 (빚어 / 빗어) 주셨다.

그릇을 하나씩 (엎어 / 업어) 놓았다.

✏️ 동그라미 표시를 한 문장을 써 본 후 소리 내어 읽어 보아요.

작다

다른 것과 견주어 크기가 크지 않다는 뜻이에요. [작:따]라고
발음합니다.

국어 2학년
2학기 8단원
'바르게 말해요'
수록

 다음 문장을 소리 내어 읽어 보아요.

글씨가 작다. 토끼는 코끼리보다 작다. 작고 귀여운 인형.

🖊 빈칸을 바르게 따라 써 보아요.

키	가		작	다.					
몸	집	이		작	다.				

다음 낱말들을 사용해 문장을 만들어 보아요.

작다 / 발이 _____.

054

적다

수나 양이 많지 않다는 뜻이에요. [적ː따]라고 발음합니다.

국어 2학년
2학기 8단원
'바르게 말해요'
수록

다음 문장을 소리 내어 읽어 보아요.

밥이 적다.   말수가 적다.   모인 사람이 적었다.

빈칸을 바르게 따라 써 보아요.

열	매	가		적	다	.			
관	심	이		적	다	.			

다음 낱말들을 사용해 문장을 만들어 보아요.

적다 / 우유가 _____ .

젖다

물이 묻어 축축하게 된다는 뜻이에요. [젇따]라고 발음합니다.

통합교과 1학년
1학기 여름 2단원
'여름 나라'
수록

다음 문장을 소리 내어 읽어 보아요.

머리가 젖다.　　　　　비에 젖다.　　　　　옷이 젖었다.

빈칸을 바르게 따라 써 보아요.

땀	에		젖	다	.						
신	발	이		젖	었	다	.				

다음 낱말들을 사용해 문장을 만들어 보아요.

젖다 / 물에

_____ .

젓다

물이나 가루 따위가 고르게 퍼지도록 휘둘러 섞는다는 뜻이에요. [전:따]라고 발음합니다.

통합교과 1학년
2학기 겨울 1단원
'여기는 우리나라'
수록

다음 문장을 소리 내어 읽어 보아요.

팥죽을 젓다.　　막대로 젓다.　　차를 저어 마시다.

빈칸을 바르게 따라 써 보아요.

흰	죽	을		젓	다	.					
달	걀		푼		물	을		저	었	다	.

다음 낱말들을 사용해 문장을 만들어 보아요.

젓다 / 반죽을 ______________________.

짓다

재료를 들여 무언가를 만든다는 뜻이에요. [짇:따]라고 발음합니다.

통합교과 1학년
1학기 여름 1단원
'우리는 가족입니다'
수록

다음 문장을 소리 내어 읽어 보아요.

집을 <u>짓다</u>.   감기약을 <u>짓다</u>.   맛있게 <u>지은</u> 밥.

빈칸을 바르게 따라 써 보아요.

옷	을		짓	다	.				
저	녁	밥	을		지	을		것	이	다	.

다음 낱말들을 사용해 문장을 만들어 보아요.

짓다 / 벽돌집을　　　_____.

짖다

개가 큰 소리로 운다는 뜻이에요. [짇따]라고 발음합니다.

국어 1학년 1학기 2단원 '소리와 모양을 흉내 내요' 수록

다음 문장을 소리 내어 읽어 보아요.

강아지가 반갑게 <u>짖다</u>.   삽살개가 <u>짖다</u>.   도둑을 보고 <u>짖는</u> 개.

빈칸을 바르게 따라 써 보아요.

진	돗	개	가		크	게		짖	다	.	
강	아	지	가		멍	멍		짖	었	다	.

다음 낱말들을 사용해 문장을 만들어 보아요.

짖었다 / 큰 개가   _____ .

짚다

바닥이나 벽, 지팡이 등에 몸을 기댄다는 뜻이에요. [집따]라고
발음합니다.

 다음 문장을 소리 내어 읽어 보아요.

땅을 <u>짚다.</u>   지팡이를 <u>짚다.</u>   벽을 <u>짚었다.</u>

✏️ 빈칸을 바르게 따라 써 보아요.

바	닥	을		짚	었	다	.		
목	발	을		짚	고		가	다	.

다음 낱말들을 사용해 문장을 만들어 보아요.

짚다 / 작대기를 _____.

 # 집다

손이나 발로 물건을 잡아 든다는 뜻이에요. '짚다'와 마찬가지로
[집따]라고 발음합니다.

통합교과 1학년
1학기 봄 2단원
'도란도란 봄 동산'
수록

📖 다음 문장을 소리 내어 읽어 보아요.

동전을 집다.　　　　　카드를 집다.　　　　　색연필을 집었다.

✏️ 빈칸을 바르게 따라 써 보아요.

구	슬	을		집	어		들	다	.		
지	우	개	를		집	었	다	.			

📖 다음 낱말들을 사용해 문장을 만들어 보아요.

집다 / 조약돌을 _____.

찧다

곡식 따위를 잘게 만들기 위해 절구에 담아 내려친다는 뜻이에
요. [찌타]라고 발음합니다.

통합교과 1학년
2학기 겨울 1단원
'여기는 우리나라'
수록

 다음 문장을 소리 내어 읽어 보아요.

쌀을 찧다.   마늘을 찧다.   방아를 찧었다.

✏️ 빈칸을 바르게 따라 써 보아요.

절	구	에		찧	다	.			
곡	식	을		찧	었	다	.		

다음 낱말들을 사용해 문장을 만들어 보아요.

찧다 / 보리를   _____.

찢다

어떤 것을 잡아당겨 둘 이상으로 갈라지게 한다는 뜻이에요.
[찓따]라고 발음합니다.

통합교과 1학년
1학기 봄 2단원
'도란도란 봄 동산'
수록

다음 문장을 소리 내어 읽어 보아요.

김치를 찢다.   신문지를 찢다.   색종이를 잘게 찢었다.

빈칸을 바르게 따라 써 보아요.

메	모	지	를		찢	다	.				
봉	투	를		찢	었	다	.				

다음 낱말들을 사용해 문장을 만들어 보아요.

찢다 / 포장지를 _____ .

 배운 내용을 확인해 보아요.

4주차 월요일 작다 / 적다

글씨가 작다.

밥이 적다.

4주차 화요일 젖다 / 젓다

머리가 젖다.

팥죽을 젓다.

4주차 수요일 짓다 / 짖다

집을 짓다.

강아지가 반갑게 짖다.

짚다 / 집다

땅을 짚다.

동전을 집다.

찧다 / 찢다

쌀을 찧다.

김치를 찢다.

✎ 알맞은 뜻을 찾아 선으로 이어 보아요.

ㄱ 젓다 •　　　• ① 손이나 발로 물건을 잡아 들다.

ㄴ 집다 •　　　• ② 재료를 들여 무언가를 만들다.

ㄷ 적다 •　　　• ③ 수나 양이 많지 않다.

ㄹ 찧다 •　　　• ④ 물이나 가루 따위가 고르게 퍼지도록 휘둘러 섞다.

ㅁ 짓다 •　　　• ⑤ 곡식 따위를 잘게 만들기 위해 절구에 담아 내려치다.

✎ 〈보기〉에서 알맞은 낱말을 찾아 빈칸에 써 보아요.

〈 보 기 〉
작고　　젖은　　짖은　　짚고　　찢고

_____ 수건을 천천히 말렸다.

지팡이를 _____ 나타난 산신령.

066

✏️ 괄호 안에 들어갈 알맞은 낱말에 동그라미 해 보아요.

우리 학교는 운동장 크기가 (작은 / 적은) 편이다.

소나기에 온몸이 (젖었다 / 젓었다).

강아지가 (짓어 / 짖어) 깜짝 놀랐다.

바닥을 (짚고 / 집고) 일어났다.

지나간 달력 한 면을 (찧었다 / 찢었다).

✏️ 동그라미 표시를 한 문장을 써 본 후 소리 내어 읽어 보아요.

2단계
어휘 익히기

가르다

무엇을 쪼개거나 나눈다는 뜻이에요. [가르다]라고 발음합니다.

통합교과 2학년
1학기 여름 2단원
'초록이의 여름 여행'
수록

 다음 문장을 소리 내어 읽어 보아요.

편을 둘로 <u>가르다.</u>   생일 케이크를 <u>가르다.</u>
수박을 여러 조각으로 <u>갈랐다.</u>

✏️ 빈칸을 바르게 따라 써 보아요.

파	도	를		가	르	며		나	가	다	.		
멜	론	을		반	으	로		갈	랐	다	.		

다음 낱말들을 사용해 문장을 만들어 보아요.

갈랐다 / 반으로 / 빵을 _____.

가리다

여럿 가운데서 골라내거나 뽑는다는 뜻이에요. [가리다]라고 발음합니다.

통합교과 1학년
1학기 여름 2단원
'여름 나라'
수록

 다음 문장을 소리 내어 읽어 보아요.

우승 팀을 가리다.   때와 장소를 가리다.

먹을 수 있는 것을 가리다.

 빈칸을 바르게 따라 써 보아요.

검	은		돌	과		흰		돌	을		가	리	다	.
여	러		팀	이		우	열	을			가	렸	다	.

 다음 낱말들을 사용해 문장을 만들어 보아요.

가리다 / 일인자를 / 경기의 _____.

가르치다

무엇을 알도록 일러 준다는 뜻이에요. [가르치다]라고 발음합니다.

국어 2학년
2학기 8단원
'바르게 말해요'
수록

 다음 문장을 소리 내어 읽어 보아요.

신나는 춤을 <u>가르치다</u>.   선생님께서 공부를 <u>가르치신다</u>.
노랫말을 <u>가르쳐</u> 주다.

 빈칸을 바르게 따라 써 보아요.

자	전	거		타	는		법	을		가	르	치	다	.
동	생	에	게		글	자	를		가	르	쳤	다	.	

 다음 낱말들을 사용해 문장을 만들어 보아요.

가르쳤다 / 종이학 / 접기를   _____.

가리키다

손가락 따위로 방향이나 대상을 집어서 알리거나 말한다는 뜻이에요. [가리키다]라고 발음합니다.

통합교과 1학년
1학기 여름 1단원
'우리는 가족입니다'
수록

 다음 문장을 소리 내어 읽어 보아요.

시곗바늘이 두 시를 가리키다.   오솔길을 가리키다.

손가락으로 별을 가리켰다.

✏️ 빈칸을 바르게 따라 써 보아요.

창	밖	의		새	를		가	리	키	다	.	
손	을		든		친	구	를		가	리	켰	다	.

 다음 낱말들을 사용해 문장을 만들어 보아요.

가리켰다 / 칠판의 / 그림을 _____.

거치다

어떤 곳을 도중에 지나거나 들른다는 뜻이에요. [거치다]라고
발음합니다.

통합교과 1학년
1학기 봄 1단원
'학교에 가면'
수록

 다음 문장을 소리 내어 읽어 보아요.

서점과 우체국을 거치다.   학교로 가기 위해 여러 곳을 거쳤다.

시장을 거쳐 집으로 가다.

✏️ 빈칸을 바르게 따라 써 보아요.

하	굣	길	에		도	서	관	을		거	쳤	다	.
공	원	을			거	쳐		약	속		장	소	로
가	다	.											

 다음 낱말들을 사용해 문장을 만들어 보아요.

거쳤다 / 태풍이 / 이웃 나라를 _____

걷히다

구름이나 안개 등이 흩어져 없어진다는 뜻이에요. '거치다'와
마찬가지로 [거치다]라고 발음합니다.

통합교과 1학년
1학기 여름 2단원
'여름 나라'
수록

 다음 문장을 소리 내어 읽어 보아요.

안개가 서서히 걷히다.   새벽빛이 걷히고 있다.

먹구름이 걷히기 시작했다.

 빈칸을 바르게 따라 써 보아요.

어	둠	이		걷	히	며		밝	아	졌	다	.	
구	름	이		걷	히	고		볕	이		들	다	.

 다음 낱말들을 사용해 문장을 만들어 보아요.

걷혔다 / 안개가 / 아침 _____ .

누르다

어떤 물체에 힘을 주어 민다는 뜻이에요. [누:르다]라고 발음합니다.

국어 1학년
1학기 1단원
'바른 자세로 읽고
쓰기' 수록

다음 문장을 소리 내어 읽어 보아요.

피아노 건반을 누르다.   장난감의 작동 버튼을 눌렀다.

바람에 날아가지 않게 모자를 눌러 썼다.

빈칸을 바르게 따라 써 보아요.

친	구		집		초	인	종	을		누	르	다	.
밥	을		꾹	꾹		눌	러		담	다	.		

다음 낱말들을 사용해 문장을 만들어 보아요.

누르다 / 버튼을 / 세탁기 _____.

누리다

생활 속에서 마음껏 즐기거나 맛본다는 뜻이에요. [누리다]라고
발음합니다.

통합교과 1학년
1학기 여름 1단원
'우리는 가족입니다'
수록

 다음 문장을 소리 내어 읽어 보아요.

가족과 함께 행복을 <u>누리다.</u>   친구들 사이에서 높은 인기를 <u>누리다.</u>
선수가 전성기를 <u>누리고</u> 있다.

✏️ 빈칸을 바르게 따라 써 보아요.

편	안	하	게		자	유	를		누	리	다	.	
건	강	한			삶	을		누	릴		것	이	다	.

 다음 낱말들을 사용해 문장을 만들어 보아요.

누렸다 / 승리의 / 기쁨을 _____ .

다르다

두 대상이 서로 같지 않다는 뜻이에요. [다르다]라고 발음합니다.

국어 2학년
2학기 8단원
'바르게 말해요'
수록

📖 다음 문장을 소리 내어 읽어 보아요.

동생과 생김새가 <u>다르다.</u>   연필과 지우개는 쓰임새가 <u>다르다.</u>
좋아하는 색깔이 <u>다르다.</u>

✏️ 빈칸을 바르게 따라 써 보아요.

서	로		다	른		취	미	를		가	지	고
있	다	.										
사	는		곳	이		달	랐	다	.			

📖 다음 낱말들을 사용해 문장을 만들어 보아요.

다르다 / 날씨가 / 어제와 _____.

틀리다

셈이나 사실 따위가 맞지 않다는 뜻이에요. [틀리다]라고 발음합니다.

국어 2학년 2학기 8단원 '바르게 말해요' 수록

 다음 문장을 소리 내어 읽어 보아요.

맞춤법이 틀리다.   계산한 값이 틀리다.

컴퓨터 비밀번호가 틀렸다.

✏️ 빈칸을 바르게 따라 써 보아요.

노	래	의		박	자	가		틀	리	다	.		
문	제	의		답	이		틀	렸	다	.			

다음 낱말들을 사용해 문장을 만들어 보아요.

틀렸다 / 일기 예보 / 내용이 _____.

배운 내용을 확인해 보아요.

5주차 월요일　가르다 / 가리다

편을 둘로 가르다.

우승 팀을 가리다.

5주차 화요일　가르치다 / 가리키다

신나는 춤을 가르치다.

시곗바늘이 두 시를 가리키다.

5주차 수요일　거치다 / 걷히다

서점과 우체국을 거치다.

안개가 서서히 걷히다.

5주차 목요일   누르다 / 누리다

피아노 건반을 누르다.

가족과 함께 행복을 누리다.

5주차 금요일   다르다 / 틀리다

동생과 생김새가 다르다.

맞춤법이 틀리다.

✏️ 알맞은 뜻을 찾아 선으로 이어 보아요.

㉠ 거치다 • • ❶ 무엇을 쪼개거나 나누다.

㉡ 누리다 • • ❷ 어떤 곳을 도중에 지나거나 들르다.

㉢ 가르다 • • ❸ 생활 속에서 마음껏 즐기거나 맛보다.

㉣ 가르치다 • • ❹ 무엇을 알도록 일러 주다.

㉤ 틀리다 • • ❺ 셈이나 사실 따위가 맞지 않다.

✏️ 〈보기〉에서 알맞은 낱말을 찾아 빈칸에 써 보아요.

━━━━━━━ 〈 보 기 〉 ━━━━━━━

가르셨다   가르치고   거쳐서   누려서   틀렸다

선생님께서 우리를 두 편으로 _____.

문구점을 _____ 집으로 향했다.

082

✏️ 괄호 안에 들어갈 알맞은 낱말에 동그라미 해 보아요.

잘못된 글자를 (가르기 / 가리기) 위해 살폈다.

손가락으로 친구들을 (가르쳤다 / 가리켰다).

새벽빛이 (거치고 / 걷히고) 밝은 햇살이 비치다.

찰흙 반죽을 손으로 (누르다 / 누리다).

두 자매는 성격이 (다른 / 틀린) 면이 많다.

✏️ 동그라미 표시를 한 문장을 써 본 후 소리 내어 읽어 보아요.

두껍다

두께가 크다는 뜻이에요. [두껍따]라고 발음합니다.

국어 1학년
2학기 1단원
'소중한 책을
소개해요' 수록

 다음 문장을 소리 내어 읽어 보아요.

그 책은 몹시 두껍다.　　　　　　두꺼운 도화지에 그림을 그리다.

날씨가 추워 옷을 두껍게 입었다.

✏️ 빈칸을 바르게 따라 써 보아요.

그		고	기	는		무	척		두	꺼	웠	다	.
껍	질	이		두	꺼	운		감	을		먹	다	.

 다음 낱말들을 사용해 문장을 만들어 보아요.

두껍다 / 솜이불이 / 매우　　　_____.

두텁다

인정이나 믿음, 사랑이 굳고 깊다는 뜻이에요. [두텁따]라고 발음합니다.

통합교과 1학년 1학기 봄 1단원 '학교에 가면' 수록

 다음 문장을 소리 내어 읽어 보아요.

자매간의 우애가 두텁다.　　　　두터운 우정을 가진 우리.

부모님이 주신 두터운 은혜.

✎ 빈칸을 바르게 따라 써 보아요.

친	구	들	과		두	터	운		믿	음	을		쌓
다	.												
백	성	을		향	한		왕	의		사	랑	이	
두	터	웠	다	.									

 다음 낱말들을 사용해 문장을 만들어 보아요.

두텁다 / 마을 사람들끼리 / 정이　_____ .

085

들리다

귀에 소리가 느껴진다는 뜻이에요. [들리다]라고 발음합니다.

국어 1학년
2학기 2단원
'소리와 모양을
흉내 내요' 수록

 다음 문장을 소리 내어 읽어 보아요.

즐거운 노랫소리가 들리다.   드르렁 코 고는 소리가 들렸다.

나를 부르는 소리가 들린다.

✎ 빈칸을 바르게 따라 써 보아요.

큰		천	둥	소	리	가		들	렸	다	.	
요	란	한		폭	죽		소	리	가		들	린	다	.

 다음 낱말들을 사용해 문장을 만들어 보아요.

들린다 / 친구들의 / 웃음소리가 _____.

들르다

지나는 길에 잠깐 거친다는 뜻이에요. [들르다]라고 발음합니다.

통합교과 1학년
2학기 가을 1단원
'내 이웃 이야기'
수록

 다음 문장을 소리 내어 읽어 보아요.

잠깐 화장실에 들르다.　　　　　배가 고파 분식집에 들렀다.

도서관에 들러 책을 빌리다.

✏️ 빈칸을 바르게 따라 써 보아요.

친	구	의		집	에		잠	시		들	르	다	.
엄	마	와		함	께		시	장	에		들	렀	다
													.

다음 낱말들을 사용해 문장을 만들어 보아요.

들렀다 / 문구점을 / 하굣길에 _____.

묻히다

어떤 물건이 흙이나 다른 것에 의해 덮여 가려진다는 뜻이에요.
[무치다]라고 발음합니다.

통합교과 2학년
2학기 가을 2단원
'가을아 어디 있니'
수록

 다음 문장을 소리 내어 읽어 보아요.

왕이 무덤에 묻히다.   산사태로 흙더미에 묻혔다.
눈 속에 묻혀 있는 바위.

 빈칸을 바르게 따라 써 보아요.

김	칫	독	이		땅	에		묻	히	다	.		
모	래		속	에		묻	힌		구	슬	.		

 다음 낱말들을 사용해 문장을 만들어 보아요.

묻혔다 / 바닷속에 / 보물이 _____.

무치다

나물 따위에 양념을 섞어 버무린다는 뜻이에요. '묻히다'와 마찬가지로 [무치다]라고 발음합니다.

통합교과 1학년 2학기 겨울 1단원 '여기는 우리나라' 수록

 다음 문장을 소리 내어 읽어 보아요.

나물을 조물조물 <u>무치다</u>.   시금치를 함께 <u>무치다</u>.

겉절이를 <u>무쳐</u> 먹다.

✏️ 빈칸을 바르게 따라 써 보아요.

콩	나	물	을		맛	깔	스	레		무	쳤	다	.
산	나	물	을		무	쳐		먹	다	.			

 다음 낱말들을 사용해 문장을 만들어 보아요.

무쳤다 / 봄나물을 / 반찬으로 _____.

벌이다

일을 계획하여 시작하거나 펼쳐 놓는다는 뜻이에요. [버:리다]
라고 발음합니다.

통합교과 2학년
2학기 가을 1단원
'동네 한 바퀴'
수록

 다음 문장을 소리 내어 읽어 보아요.

환경 지키기 운동을 <u>벌이다.</u>　　　　　뛰어난 활약을 <u>벌이다.</u>

사람들이 큰 잔치를 <u>벌였다.</u>

✏️ 빈칸을 바르게 따라 써 보아요.

한	바	탕		소	동	을		벌	이	다	.	
두		팀	이		열	전	을		벌	였	다	.

 다음 낱말들을 사용해 문장을 만들어 보아요.

벌였다 / 일을 / 많은

_____.

벌리다

둘 사이를 넓힌다는 뜻이에요. [벌:리다]라고 발음합니다.

 다음 문장을 소리 내어 읽어 보아요.

두 팔을 크게 벌리다.   줄 간격을 벌리다.

입을 벌리고 하품을 하다.

✏️ 빈칸을 바르게 따라 써 보아요.

상	대		팀	과	의		점	수		차	를		벌
렸	다	.											
운	동	장	에			넓	게		벌	려		서	다	.

👦 다음 낱말들을 사용해 문장을 만들어 보아요.

벌렸다 / 양팔을 / 옆으로 _____ .

붙이다

서로 맞닿아 떨어지지 않게 한다는 뜻이에요. [부치다]라고 발음합니다.

통합교과 1학년 1학기 봄 1단원 '학교에 가면' 수록

 다음 문장을 소리 내어 읽어 보아요.

벽에 그림을 붙이다.   손가락에 반창고를 붙이다.

일기장에 스티커를 붙였다.

빈칸을 바르게 따라 써 보아요.

봉	투	에		우	표	를		붙	이	다	.	
벽	에		메	모	지	를		붙	였	다	.	

다음 낱말들을 사용해 문장을 만들어 보아요.

붙였다 / 사진을 / 게시판에 _____ .

부치다

편지나 물건 따위를 다른 사람에게 보낸다는 뜻이에요. '붙이다'
와 마찬가지로 [부치다]라고 발음합니다.

국어 2학년
1학기 5단원
'낱말을 바르고
정확하게 써요'
수록

 다음 문장을 소리 내어 읽어 보아요.

할머니께 편지를 부치다.   우체국에 가서 선물을 부치다.

지난주에 물건을 부쳤다.

✏️ 빈칸을 바르게 따라 써 보아요.

다	른		나	라	로		편	지	를		부	치	다	.
집	으	로		짐	을		부	쳤	다	.				

 다음 낱말들을 사용해 문장을 만들어 보아요.

부쳤다 / 소포를 / 친척에게 _____.

배운 내용을 확인해 보아요.

6주차 월요일 두껍다 / 두텁다

그 책은 몹시 두껍다.

자매간의 우애가 두텁다.

6주차 화요일 들리다 / 들르다

즐거운 노랫소리가 들리다.

잠깐 화장실에 들르다.

6주차 수요일 묻히다 / 무치다

왕이 무덤에 묻히다.

나물을 조물조물 무치다.

6주차 목요일 벌이다 / 벌리다

환경 지키기 운동을 벌이다.

두 팔을 크게 벌리다.

6주차 금요일 붙이다 / 부치다

벽에 그림을 붙이다.

할머니께 편지를 부치다.

알맞은 뜻을 찾아 선으로 이어 보아요.

ㄱ 두껍다 •   • 1 귀에 소리가 느껴지다.

ㄴ 부치다 •   • 2 어떤 물건이 흙이나 다른 것에 의해 덮여 가려지다.

ㄷ 묻히다 •   • 3 둘 사이를 넓히다.

ㄹ 벌리다 •   • 4 편지나 물건을 다른 사람에 보내다.

ㅁ 들리다 •   • 5 두께가 크다.

〈보기〉에서 알맞은 낱말을 찾아 빈칸에 써 보아요.

〈 보 기 〉

두꺼운   들린   묻히셨다   벌인   붙이셨다

날씨가 추워 _____ 양말을 신었다.

선생님께서 시간표를 크게 _____.

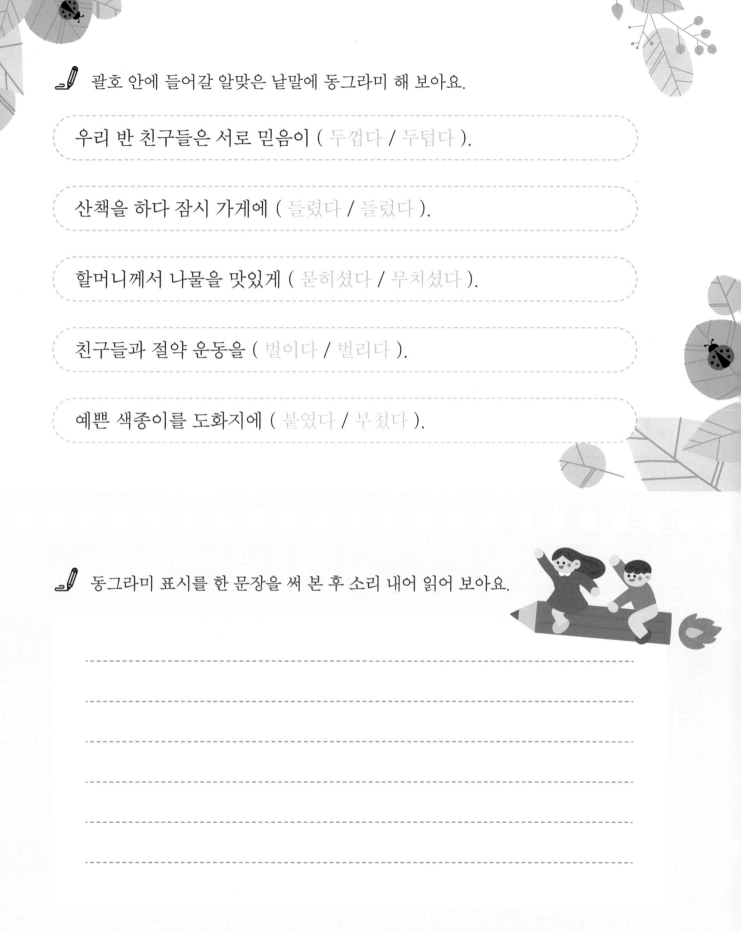

✏️ 괄호 안에 들어갈 알맞은 낱말에 동그라미 해 보아요.

우리 반 친구들은 서로 믿음이 (두껍다 / 두텁다).

산책을 하다 잠시 가게에 (들렀다 / 들렸다).

할머니께서 나물을 맛있게 (묻히셨다 / 무치셨다).

친구들과 절약 운동을 (벌이다 / 벌리다).

예쁜 색종이를 도화지에 (붙였다 / 부쳤다).

✏️ 동그라미 표시를 한 문장을 써 본 후 소리 내어 읽어 보아요.

빛지다

남한테 신세를 진다는 뜻이에요. [빋찌다]라고 발음합니다.

국어 2학년 1학기 10단원 '다른 사람을 생각해요' 수록

 다음 문장을 소리 내어 읽어 보아요.

도움을 준 이웃에게 빚지다.　　　　누나에게 늘 빚진 기분이 든다.

친구에게 빚진 것을 갚다.

 빈칸을 바르게 따라 써 보아요.

고	마	운		은	인	에	게		빚	지	다	.	
서	로		빚	진		것	을		비	기	다	.	

 다음 낱말들을 사용해 문장을 만들어 보아요.

빚졌다 / 도움을 준 / 형에게 _____ .

빛나다

빛이 환하게 비친다는 뜻이에요. [빈나다]라고 발음합니다.

국어 1학년
2학기 2단원
'소리와 모양을
흉내 내요' 수록

 다음 문장을 소리 내어 읽어 보아요.

보름달이 환하게 빛나다.   전등이 밝게 빛나다.
밤하늘의 별이 예쁘게 빛난다.

✏️ 빈칸을 바르게 따라 써 보아요.

어	둠		속	에	서		불	빛	이		빛	나	다	.
달	빛	을		받	은		얼	굴	이		빛	났	다	.

 다음 낱말들을 사용해 문장을 만들어 보아요.

빛났다 / 번개가 / 번쩍하고 _____.

국어 1학년
2학기 2단원
'소리와 모양을
흉내 내요' 수록

 삶다

물에 넣고 끓인다는 뜻이에요. [삼:따]라고 발음합니다.

다음 문장을 소리 내어 읽어 보아요.

냄비에 국수를 넣어 삶다.　　　　　　빨래를 폭폭 삶았다.

삶은 달걀을 함께 먹다.

빈칸을 바르게 따라 써 보아요.

고	구	마	를		삶	아		나	누	어		먹	다	.
삶	은		감	자	를		그	릇	에		뭉	개	다	.

다음 낱말들을 사용해 문장을 만들어 보아요.

삶을 / 것이다 / 돼지고기를　_____.

삼다

무언가를 다른 무엇으로 되게 한다는 뜻이에요. '삶다'와 마찬가지로 [삼:따]라고 발음합니다.

 다음 문장을 소리 내어 읽어 보아요.

어려움을 기회로 삼다.　　　　　　　　지나간 일을 문제 삼다.

돌멩이를 놀잇감으로 삼았다.

✏️ 빈칸을 바르게 따라 써 보아요.

우	승	을		목	표	로		삼	다	.			
그		일	을		교	훈	으	로		삼	았	다	.

👦 다음 낱말들을 사용해 문장을 만들어 보아요.

삼다 / 정직을 / 가훈으로 _____.

세우다

눕거나 넘어진 것을 바로 서게 한다는 뜻이에요. [세우다]라고 발음합니다.

통합교과 2학년 1학기 여름 1단원 '이런 저런 집' 수록

다음 문장을 소리 내어 읽어 보아요.

허리를 꼿꼿하게 세우다.   자리에서 일으켜 세우다.
무릎을 세우고 앉다.

빈칸을 바르게 따라 써 보아요.

머	리	를		꼿	꼿	이		세	우	다	.		
몸	을			바	짝		세	웠	다	.			

다음 낱말들을 사용해 문장을 만들어 보아요.

세웠다 / 넘어진 / 허수아비를

_____.

새우다

한숨도 자지 않고 밤을 지낸다는 뜻이에요. [새우다]라고 발음합니다.

국어 2학년
1학기 5단원
'낱말을 바르고
정확하게 써요'
수록

 다음 문장을 소리 내어 읽어 보아요.

책을 읽느라 밤을 새우다.   시험을 앞둔 형이 밤을 새워 공부했다.

어머니가 아들 걱정에 밤을 새웠다.

✏️ 빈칸을 바르게 따라 써 보아요.

밤	을		꼴	딱		새	우	다	.				
며	칠		밤	을		새	운		얼	굴	.		

다음 낱말들을 사용해 문장을 만들어 보아요.

새웠다 / 밤을 / 뜬눈으로 _____ .

시키다

어떤 일이나 행동을 하게 한다는 뜻이에요. [시키다]라고 발음
합니다.

국어 2학년
1학기 5단원
'낱말을 바르고
정확하게 써요'
수록

 다음 문장을 소리 내어 읽어 보아요.

한 사람씩 노래를 <u>시키다.</u>   아버지가 아들에게 심부름을 <u>시키다.</u>
감독이 선수들에게 훈련을 <u>시켰다.</u>

✏️ 빈칸을 바르게 따라 써 보아요.

모	두	에	게		체	조		준	비	를		시	키
다	.												
부	모	님	께	서		방		청	소	를		시	키
셨	다	.											

👦 다음 낱말들을 사용해 문장을 만들어 보아요.

시켰다 / 연습을 / 부지런히   _____.

식히다

더운 것을 식게 한다는 뜻이에요. '시키다'와 마찬가지로 [시키다]라고 발음합니다.

국어 2학년
1학기 5단원
'낱말을 바르고
정확하게 써요'
수록

 다음 문장을 소리 내어 읽어 보아요.

선풍기로 더위를 식히다.   얼음으로 열을 식히다.

뜨거운 국물을 식혔다.

🖊 빈칸을 바르게 따라 써 보아요.

막		끓	여		뜨	거	운		라	면	을		식
혔	다	.											
팥	죽	을			식	혀	서		나	누	어		먹	다

👦 다음 낱말들을 사용해 문장을 만들어 보아요.

식혔다 / 더위를 / 계곡에서

_____ .

알갱이

열매나 곡식 따위의 낱알을 뜻해요. [알갱이]라고 발음합니다.

국어 2학년
2학기 5단원
'간직하고 싶은 노래'
수록

다음 문장을 소리 내어 읽어 보아요.

흩어져 있는 보리 알갱이.
옥수수 알갱이가 들어 있는 밥.

밥알 한 알갱이도 남기지 않았다.

빈칸을 바르게 따라 써 보아요.

조	그	마	한		쌀		알	갱	이	.			
손	바	닥		위	의		잣		알	갱	이	.	

다음 낱말들을 사용해 문장을 만들어 보아요.

옥수수 알갱이로 / 튀겼다 / 팝콘을

_____.

106

알맹이

물건의 껍질을 벗기고 남은 속 부분을 뜻해요. [알맹이]라고 발음합니다.

국어 2학년 1학기 5단원 '낱말을 바르고 정확하게 써요' 수록

 다음 문장을 소리 내어 읽어 보아요.

군밤 껍질을 까서 알맹이를 먹다.　　할아버지께서 땅콩 알맹이를 골라 주셨다.

알맹이가 큰 것만 가려 먹다.

✏️ 빈칸을 바르게 따라 써 보아요.

알	맹	이	만		빼		먹	고		남	은		껍
데	기	.											
굴		알	맹	이	를		하	나	씩		빼	다	.

👦 다음 낱말들을 사용해 문장을 만들어 보아요.

알맹이 / 벗긴 / 껍질을 _____ .

107

배운 내용을 확인해 보아요.

7주차 월요일 빚지다 / 빛나다

도움을 준 이웃에게 빚지다.

보름달이 환하게 빛나다.

7주차 화요일 삶다 / 삼다

냄비에 국수를 넣어 삶다.

어려움을 기회로 삼다.

7주차 수요일 세우다 / 새우다

허리를 꼿꼿하게 세우다.

책을 읽느라 밤을 새우다.

7주차 목요일 시키다 / 식히다

한 사람씩 노래를 시키다.

선풍기로 더위를 식히다.

7주차 금요일 알갱이 / 알맹이

흩어져 있는 보리 알갱이.

군밤 껍질을 까서 알맹이를 먹다.

✏️ 알맞은 뜻을 찾아 선으로 이어 보아요.

ㄱ 삼다 •   • ① 무언가를 다른 무엇으로 되게 하다.

ㄴ 빛나다 •   • ② 한숨도 자지 않고 밤을 지내다.

ㄷ 알갱이 •   • ③ 빛이 환하게 비치다.

ㄹ 시키다 •   • ④ 열매나 곡식 따위의 낱알.

ㅁ 새우다 •   • ⑤ 어떤 일이나 행동을 하게 하다.

✏️ 〈보기〉에서 알맞은 낱말을 찾아 빈칸에 써 보아요.

〈 보 기 〉

빛내   삼다   새우다   식혀   알맹이로

배움의 기회로 _____.

뜨거운 보리차를 _____ 마셨다.

110

✏️ 괄호 안에 들어갈 알맞은 낱말에 동그라미 해 보아요.

늘 챙겨 주는 오빠에게 (빚진 / 빛난) 마음이 든다.

너무 오래 (삶아 / 삼아) 국수가 불은 듯하다.

힘을 모아 쓰러진 나무 기둥을 바로 (세웠다 / 새웠다).

뜨거운 코코아를 천천히 (시켜서 / 식혀서) 먹었다.

동생과 함께 밤껍질을 까서 (알갱이 / 알맹이)를 모았다.

✏️ 동그라미 표시를 한 문장을 써 본 후 소리 내어 읽어 보아요.

 # 이루다

어떤 상태나 결과를 만들어 낸다는 뜻이에요. [이루다]라고 발음합니다.

통합교과 2학년
1학기 봄 1단원
'알쏭달쏭 나'
수록

 다음 문장을 소리 내어 읽어 보아요.

나무들이 모여 숲을 이루다.   그 책은 모험의 내용이 중심을 이룬다.

행복한 가정을 이루고 살다.

✏️ 빈칸을 바르게 따라 써 보아요.

벼	가		황	금	물	결	을		이	루	다	.
걱	정	되	어		잠	을		못		이	루	었	다	.

다음 낱말들을 사용해 문장을 만들어 보아요.

이루었다 / 하트를 / 손가락으로 _____.

이르다

어떤 곳이나 시간에 닿는다는 뜻이에요. [이르다]라고 발음합니다.

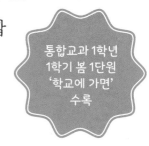

다음 문장을 소리 내어 읽어 보아요.

오랜 노력 끝에 정상에 이르다.   여행의 목적지에 이르렀다.

다섯 시에 이르자 사람들이 모여들었다.

빈칸을 바르게 따라 써 보아요.

아	름	다	운		바	닷	가	에		이	르	다	.
경	기	가			막	바	지	에		이	르	렀	다	.

다음 낱말들을 사용해 문장을 만들어 보아요.

이르렀다 / 제때 / 약속 장소에 _____.

잊어버리다

한번 알았던 것을 전혀 기억해 내지 못한다는 뜻이에요.
[이저버리다]라고 발음합니다.

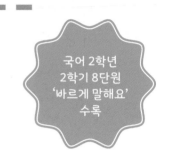

국어 2학년
2학기 8단원
'바르게 말해요'
수록

다음 문장을 소리 내어 읽어 보아요.

책의 내용을 잊어버리다.   만화 제목을 잊어버렸다.
수업 시간에 배운 낱말을 잊어버렸다.

빈칸을 바르게 따라 써 보아요.

전	화	번	호	를		잊	어	버	리	다	.		
생	신		날	짜	를		그	만		잊	어	버	렸
다	.												

다음 낱말들을 사용해 문장을 만들어 보아요.

잊어버렸다 / 비밀번호를 / 자물쇠 _____ .

잃어버리다

가졌던 물건이 자신도 모르는 사이에 사라짐을 뜻해요.
[이러버리다]라고 발음합니다.

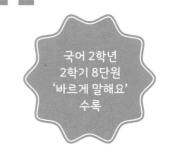

국어 2학년
2학기 8단원
'바르게 말해요'
수록

 다음 문장을 소리 내어 읽어 보아요.

새로 산 지우개를 잃어버리다.   우산을 잃어버려 비를 맞았다.
친구와 만든 목걸이를 잃어버렸다.

빈칸을 바르게 따라 써 보아요.

길	에	서		동	전	을		잃	어	버	렸	다	.
아	끼	는		손	목	시	계	를		잃	어	버	렸
다	.												

다음 낱말들을 사용해 문장을 만들어 보아요.

잃어버렸다 / 크레파스를 / 새로 산 _____.

저리다

살이 오래 눌려 피가 잘 통하지 못해 힘이 없게 된다는 뜻이에
요. [저리다]라고 발음합니다.

통합교과 2학년
1학기 봄 1단원
'알쏭달쏭 나'
수록

 다음 문장을 소리 내어 읽어 보아요.

도둑이 제 발 저리다.　　　　　　　　팔베개를 한 오른팔이 저리다.

쪼그려 앉았더니 다리가 저렸다.

✏ 빈칸을 바르게 따라 써 보아요.

왼	쪽		다	리	가		자	르	르		저	리	다	.
오	래		앉	았	더	니		다	리	가		저	린	
다	.													

다음 낱말들을 사용해 문장을 만들어 보아요.

저렸다 / 무릎까지 / 다리부터　　　_____.

116

절이다

소금이나 식초 따위를 먹여 간이 배어들게 한다는 뜻이에요. '저리다'와 마찬가지로 [저리다]라고 발음합니다.

통합교과 1학년
2학기 겨울 1단원
'여기는 우리나라'
수록

 다음 문장을 소리 내어 읽어 보아요.

배추를 소금에 절이다.   어부가 생선을 소금에 절이다.

간장에 절인 마늘장아찌.

✏️ 빈칸을 바르게 따라 써 보아요.

오	이	를		식	초	에		절	이	다	.		
갈	치	를		소	금	에		절	였	다	.		

 다음 낱말들을 사용해 문장을 만들어 보아요.

절였다 / 소금에 / 무를   _____ .

주리다

먹을 것을 양껏 먹지 못해서 배를 곯는다는 뜻이에요. [주리다]
라고 발음합니다.

국어 2학년
1학기 5단원
'낱말을 바르고
정확하게 써요'
수록

 다음 문장을 소리 내어 읽어 보아요.

가난하여 배를 주리다.　　　　　　오랫동안 주려 화가 난 사자.
주린 고양이가 쥐를 만나다.

✏️ 빈칸을 바르게 따라 써 보아요.

주	림	과		추	위	에		지	치	다	.	
몹	시		배	를		주	리	고		있	었	다	.

다음 낱말들을 사용해 문장을 만들어 보아요.

주렸다 / 주인공이 / 배를 　_____.

118

줄이다

어떤 것을 원래보다 작게 한다는 뜻이에요. '주리다'와 마찬가지로 [주리다]라고 발음합니다.

통합교과 1학년
1학기 봄 2단원
'도란도란 봄 동산'
수록

 다음 문장을 소리 내어 읽어 보아요.

텔레비전 소리를 줄이다.　　　　　홍수 피해를 줄이다.

허리띠 길이를 줄였다.

 빈칸을 바르게 따라 써 보아요.

바	지		길	이	를		줄	이	다	.			
운	동	으	로		몸	무	게	를		줄	였	다	.

 다음 낱말들을 사용해 문장을 만들어 보아요.

줄이다 / 낭비를 / 학용품　＿＿＿＿＿＿＿＿＿＿＿＿＿＿＿.

해어지다

어떤 것이 닳아 떨어진다는 뜻이에요. [해어지다]라고 발음합니다.

통합교과 1학년
2학기 겨울 1단원
'여기는 우리나라'
수록

 다음 문장을 소리 내어 읽어 보아요.

바지가 닳아 해어지다.　　　　　　　신발이 오래되어 해어지다.

한쪽 끝이 해어진 엄마의 일기장.

✏ 빈칸을 바르게 따라 써 보아요.

가	방	끈	이		오	래	되	어		해	어	졌	다	.
너	덜	너	덜		해	어	진			편	지		봉	투	.

 다음 낱말들을 사용해 문장을 만들어 보아요.

해어졌다 / 뒤꿈치가 / 양말 _____.

헤어지다

같이 있던 사람과 서로 떨어지게 된다는 뜻이에요. [헤어지다]
라고 발음합니다.

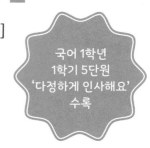

국어 1학년
1학기 5단원
'다정하게 인사해요'
수록

다음 문장을 소리 내어 읽어 보아요.

전학을 가는 단짝 친구와 <u>헤어지다</u>.　　　정든 사촌 형제들과 <u>헤어지다</u>.
친구들과 함께 놀다 <u>헤어졌다</u>.

빈칸을 바르게 따라 써 보아요.

골	목	길	에	서		서	로		헤	어	지	다	.
친	구	들	과		약	속	을		하	고		헤	어
졌	다	.											

다음 낱말들을 사용해 문장을 만들어 보아요.

헤어졌다 / 정하고 / 약속 시간을 _____.

✏️ 배운 내용을 확인해 보아요.

8주차 월요일   이루다 / 이르다

나무들이 모여 숲을 이루다.

오랜 노력 끝에 정상에 이르다.

8주차 화요일   잊어버리다 / 잃어버리다

책의 내용을 잊어버리다.

새로 산 지우개를 잃어버리다.

8주차 수요일   저리다 / 절이다

도둑이 제 발 저리다.

배추를 소금에 절이다.

주리다 / 줄이다

가난하여 배를 주리다.

텔레비전 소리를 줄이다.

해어지다 / 헤어지다

바지가 닳아 해어지다.

전학을 가는 단짝 친구와 헤어지다.

✏️ 알맞은 뜻을 찾아 선으로 이어 보아요.

㉠ 헤어지다 • • ① 먹을 것을 양껏 먹지 못해서 배를 곯다.

㉡ 절이다 • • ② 소금이나 식초 따위를 먹여 간이 배어들게 하다.

㉢ 이루다 • • ③ 같이 있던 사람과 서로 떨어지게 되다.

㉣ 주리다 • • ④ 한번 알았던 것을 전혀 기억해 내지 못하다.

㉤ 잊어버리다 • • ⑤ 어떤 상태나 결과를 만들어 내다.

✏️ 〈보기〉에서 알맞은 낱말을 찾아 빈칸에 써 보아요.

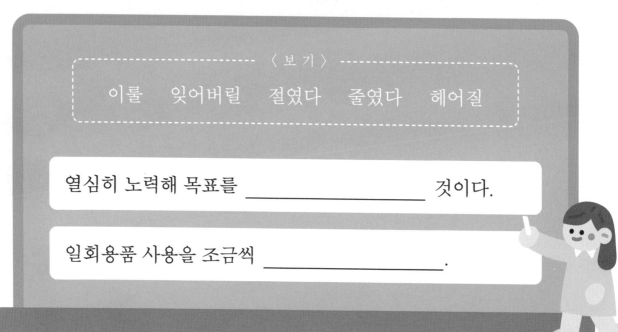

─── 〈 보 기 〉 ───
이룰   잊어버릴   절였다   줄였다   헤어질

열심히 노력해 목표를 _____ 것이다.

일회용품 사용을 조금씩 _____.

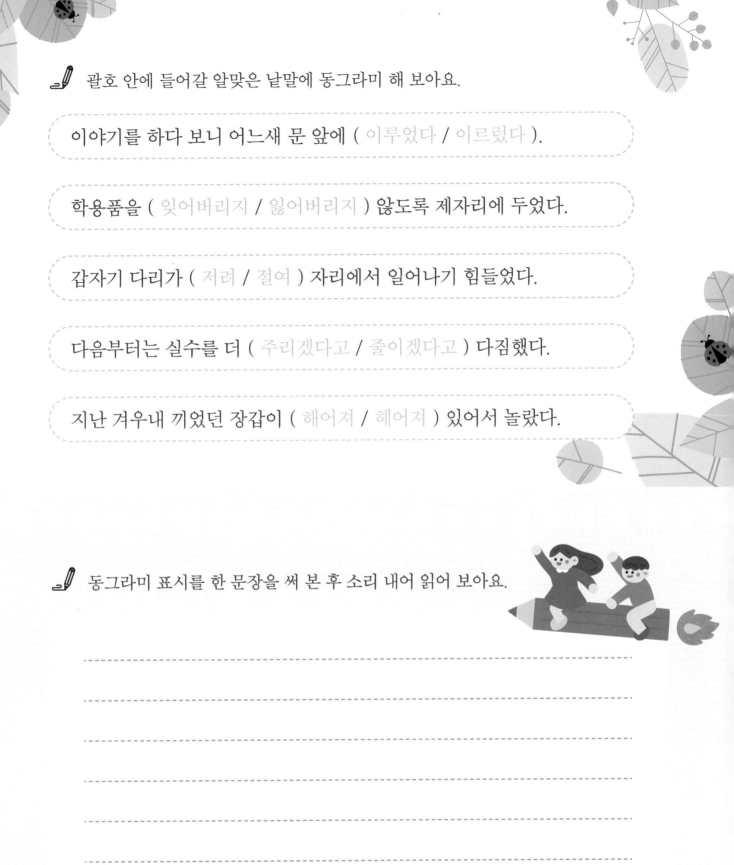

괄호 안에 들어갈 알맞은 낱말에 동그라미 해 보아요.

이야기를 하다 보니 어느새 문 앞에 (이루었다 / 이르렀다).

학용품을 (잊어버리지 / 잃어버리지) 않도록 제자리에 두었다.

갑자기 다리가 (저려 / 절여) 자리에서 일어나기 힘들었다.

다음부터는 실수를 더 (주리겠다고 / 줄이겠다고) 다짐했다.

지난 겨우내 끼었던 장갑이 (해어져 / 헤어져) 있어서 놀랐다.

동그라미 표시를 한 문장을 써 본 후 소리 내어 읽어 보아요.

3단계
어휘 익히기

걷잡다

이어지는 흐름을 바로잡거나 가라앉힌다는 뜻이에요. [걷짭따]
라고 발음합니다.

국어 2학년
1학기 5단원
'낱말을 바르고
정확하게 써요'
수록

 다음 문장을 소리 내어 읽어 보아요.

사방으로 번지는 불길을 걷잡다.   소문이 걷잡을 수 없이 퍼졌다.

졸음이 걷잡을 수 없이 몰려왔다.

✏️ 빈칸을 바르게 따라 써 보아요.

친	구	의		말	에		웃	음	을		걷	잡	지
못	했	다	.										
피	해	가		걷	잡	을		수		없	이		커
졌	다	.											

 다음 낱말들을 사용해 문장을 만들어 보아요.

걷잡았다 / 산불을 / 거센 / 간신히 _____

겉잡다

겉으로 보고 대강 짐작해서 헤아린다는 뜻이에요. '걷잡다'와 마찬가지로 [걷짭따]라고 발음합니다.

국어 2학년
1학기 5단원
'낱말을 바르고
정확하게 써요'
수록

📖 다음 문장을 소리 내어 읽어 보아요.

남은 물건의 수를 겉잡다.　　　　　　어떻게 행동할지 겉잡을 수 없다.

겉잡아 두 시간은 걸릴 거리.

✏️ 빈칸을 바르게 따라 써 보아요.

강	당	에		모	인		친	구	들	의		수	를
겉	잡	아		말	했	다	.						
멀	리	서		본		그	림	의		모	양	을	
겉	잡	다	.										

📖 다음 낱말들을 사용해 문장을 만들어 보아요.

겉잡아 / 말하다 / 놀이터의 / 크기를 _____.

띠다

무언가가 눈에 들어온다는 뜻이에요. [띠:다]라고 발음합니다.

국어 2학년
1학기 5단원
'낱말을 바르고
정확하게 써요'
수록

📖 다음 문장을 소리 내어 읽어 보아요.

새 장난감이 눈에 띠다.

하얀 벽이 눈에 띠는 집.

리모컨을 눈에 띠는 곳에 두다.

✏️ 빈칸을 바르게 따라 써 보아요.

언	니	의		행	동	이		눈	에		띠	게	
부	지	런	해	졌	다	.							
유	난	히		눈	에		띠	는		그		옷	.

📖 다음 낱말들을 사용해 문장을 만들어 보아요.

띠었다 / 눈에 / 파란 / 자동차가 _____.

띠다

감정이나 기운을 나타낸다는 뜻이에요. '띄다'와 마찬가지로 [띠:다]라고 발음합니다.

 다음 문장을 소리 내어 읽어 보아요.

밝게 눈웃음을 띠다.   친구와의 대화가 점점 열기를 띠었다.

선생님께서 미소를 띠셨다.

✏️ 빈칸을 바르게 따라 써 보아요.

놀	이	에	서		이	긴		뒤		환	한		웃
음	을		띠	었	다	.							
초	조	함	을		띤		운	동	선	수	의		얼
굴	.												

📖 다음 낱말들을 사용해 문장을 만들어 보아요.

띠었다 / 환한 / 빛을 / 얼굴에 _____.

131

맞히다

어떤 문제에 옳은 답을 댄다는 뜻이에요 [마치다]라고 발음합니다.

다음 문장을 소리 내어 읽어 보아요.

까다로운 문제의 정답을 맞히다.   세 문제 중 두 문제를 맞혔다.
어려운 수수께끼를 맞혔다.

빈칸을 바르게 따라 써 보아요.

끝	내		수	학		문	제	의		정	답	을
맞	혔	다	.									
퀴	즈	의		답	을		맞	히	려		노	력	했
다	.											

다음 낱말들을 사용해 문장을 만들어 보아요.

맞혔다 / 대번에 / 답을 / 그는

_____.

맞추다

서로 떨어져 있는 부분을 제자리에 맞게 대어 붙인다는 뜻이에요. [맏추다]라고 발음합니다.

국어 1학년 1학기 4단원 '글자를 만들어요' 수록

📖 다음 문장을 소리 내어 읽어 보아요.

흩어진 퍼즐 조각을 맞추다.

떨어진 조각을 제자리에 맞췄다.

장난감 부품을 제대로 맞췄다.

✏️ 빈칸을 바르게 따라 써 보아요.

문	틀	에		문	짝	을		바	르	게		맞	추
다	.												
잃	어	버	린		조	각	을		찾	아		다	시
맞	췄	다	.										

👦 다음 낱말들을 사용해 문장을 만들어 보아요.

맞췄다 / 깨진 / 원래대로 / 조각을 _____.

못하다

어떤 일을 일정한 수준보다 떨어지게 하거나, 그것을 할 능력이
없다는 뜻이에요. [모:타다]라고 발음합니다.

국어 1학년
2학기 3단원
'문장으로 표현해요'
수록

 다음 문장을 소리 내어 읽어 보아요.

노래는 <u>못해도</u> 춤은 잘 춘다.

게임을 <u>못하던</u> 누나가 이제는 잘한다.

줄넘기를 <u>못하는</u> 동생을 도와주었다.

빈칸을 바르게 따라 써 보아요.

우	리		형	은		못	하	는		운	동	이
없	다	.										
그	도		처	음	에	는			공	부	를		못	했
다	고		말	했	다	.						

다음 낱말들을 사용해 문장을 만들어 보아요.

못한다 / 연주를 / 혼자서는 / 아직은

_____ .

못 하다

실력 혹은 능력이 있지만, 어떤 이유로 여건이 되지 않아 할 수 없다는 뜻이에요. [모 타다]라고 발음합니다.

국어 2학년
1학기 5단원
'낱말을 바르고
정확하게 써요'
수록

 다음 문장을 소리 내어 읽어 보아요.

말문이 막혀 말을 못 하다.　　　　　　눈이 너무 많이 쌓여 꼼짝도 못 했다.

늦잠을 자서 세수도 못 하고 왔다.

✏️ 빈칸을 바르게 따라 써 보아요.

아	파	서		옴	짝	달	싹		못		하	고
있	다.											
너	무		놀	라		대	답	도		못		했	다.

다음 낱말들을 사용해 문장을 만들어 보아요.

못 했다 / 구경을 / 시간이 / 없어서

_____ .

 # 바라다

어떤 일이 바람대로 이루어지기를 마음속으로 기대한다는 뜻이에요. [바라다]라고 발음합니다.

국어 1학년
2학기 1단원
'소중한 책을
소개해요' 수록

 다음 문장을 소리 내어 읽어 보아요.

친한 친구와 짝꿍이 되기를 바라다.   나의 바람은 가족들의 건강이다.
좋아하는 가수가 나오기를 바랐다.

✏️ 빈칸을 바르게 따라 써 보아요.

기	적	이		일	어	나	기	를		간	절	히
바	랐	다	.									
우	리	나	라	의		통	일	을		바	란	다	.

🧑 다음 낱말들을 사용해 문장을 만들어 보아요.

바라고 / 있다 / 친구의 / 성공을 _____.

바래다

별이나 습기를 받아 빛이 변한다는 뜻이에요. [바:래다]라고 발음합니다.

국어 2학년
1학기 5단원
'낱말을 바르고
정확하게 써요'
수록

다음 문장을 소리 내어 읽어 보아요.

햇빛에 하얀 옷이 바래다.　　　　겉표지가 바랜 낡은 책.

가방이 오래되어 색이 바랬다.

빈칸을 바르게 따라 써 보아요.

햇	빛	에		커	튼	이		누	렇	게		바	래
다	.												
모	자	의		색	깔	이		심	하	게		바	랬
다	.												

다음 낱말들을 사용해 문장을 만들어 보아요.

바랬다 / 햇볕에 / 종이가 / 여름　　　　　　　　　　　　　　.

✎ 배운 내용을 확인해 보아요.

9주차 월요일 건잡다 / 겉잡다

사방으로 번지는 불길을 건잡다.

남은 물건의 수를 겉잡다.

9주차 화요일 띄다 / 띠다

새 장난감이 눈에 띄다.

밝게 눈웃음을 띠다.

9주차 수요일 맞히다 / 맞추다

까다로운 문제의 정답을 맞히다.

흩어진 퍼즐 조각을 맞추다.

못하다 / 못 하다

노래는 못해도 춤은 잘 춘다.

말문이 막혀 말을 못 하다.

바라다 / 바래다

친한 친구와 짝꿍이 되기를 바라다.

햇빛에 하얀 옷이 바래다.

✏️ 알맞은 뜻을 찾아 선으로 이어 보아요.

ㄱ 띄다 •　　　• ① 서로 떨어져 있는 부분을 제자리에 맞게 대어 붙이다.

ㄴ 못하다 •　　　• ② 무언가가 눈에 들어오다.

ㄷ 바래다 •　　　• ③ 볕이나 습기를 받아 빛이 변하다.

ㄹ 겉잡다 •　　　• ④ 어떤 일을 일정한 수준보다 떨어지게 하거나, 그것을 할 능력이 없다.

ㅁ 맞추다 •　　　• ⑤ 겉으로 보고 대강 짐작해서 헤아리다.

✏️ 〈보기〉에서 알맞은 낱말을 찾아 빈칸에 써 보아요.

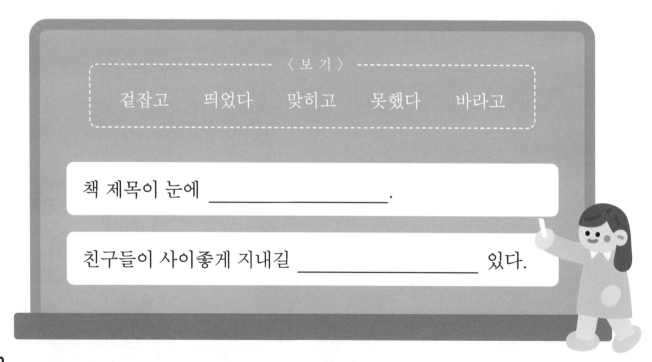

〈 보 기 〉

겉잡고　　띄었다　　맞히고　　못했다　　바라고

책 제목이 눈에 _____.

친구들이 사이좋게 지내길 _____ 있다.

✏️ 괄호 안에 들어갈 알맞은 낱말에 동그라미 해 보아요.

친구가 이사를 간다는 소식에 슬픔을 (걷잡을 / 겉잡을) 수 없었다.

온 거리가 다시 활기를 (띠기 / 떠기) 시작했다.

선생님께서 내신 깜짝 퀴즈의 정답을 가장 먼저 (맞혔다 / 맞췄다).

다리를 다쳐 한동안 축구를 (못했다 / 못 했다).

나쁜 바이러스가 어서 사라지길 (바란다 / 바랜다).

✏️ 동그라미 표시를 한 문장을 써 본 후 소리 내어 읽어 보아요.

바치다

무엇을 위해 모든 것을 아낌없이 내놓거나 쓴다는 뜻이에요.
[바치다]라고 발음합니다.

국어 2학년
1학기 5단원
'낱말을 바르고
정확하게 써요'
수록

 다음 문장을 소리 내어 읽어 보아요.

나라를 위해 몸과 마음을 바치다.　　　　바이러스 연구에 평생을 바쳤다.
목숨을 바쳐 사람들을 구했다.

✏ 빈칸을 바르게 따라 써 보아요.

나	라	에		충	성	을		바	치	는		군	인	.
아	름	다	운		음	악	을		위	해		평	생	
을		바	쳤	다	.									

 다음 낱말들을 사용해 문장을 만들어 보아요.

바쳤다 / 환경 운동에 / 열정을 / 그는

_____.

받치다

어떤 물건의 밑이나 옆에 다른 물건을 댄다는 뜻이에요.
[받치다]라고 발음합니다.

📖 다음 문장을 소리 내어 읽어 보아요.

쓰러지지 않게 받침대로 받치다.   과일을 쟁반에 받쳐서 가져오다.

커다란 장난감을 두 손으로 받쳐 들다.

✏️ 빈칸을 바르게 따라 써 보아요.

베	개	를		받	치	고		누	워		만	화	를
보	았	다	.										
왼	손	으	로		찻	잔	을		받	쳐		들	었
다	.												

📖 다음 낱말들을 사용해 문장을 만들어 보아요.

받쳤다 / 음료수 / 잔을 / 쟁반에 _____ .

반드시

'틀림없이 꼭'이라는 뜻이에요. [반드시]라고 발음합니다.

 다음 문장을 소리 내어 읽어 보아요.

노력하면 꿈은 반드시 이루어진다.   친구와의 약속을 반드시 지킬 것이다.

안전 수칙은 반드시 지켜야 한다.

🖊 빈칸을 바르게 따라 써 보아요.

내	일	은		반	드	시		보	름	달	이		뜰
것	이	다	.										
이		약	은		반	드	시		식	사		후	에
먹	어	야		한	다	.							

 다음 낱말들을 사용해 문장을 만들어 보아요.

반드시 / 제시간에 / 한다 / 도착해야

_____ .

반듯이

어떤 물체나 생각, 행동 따위가 비뚤지 않고 바르다는 뜻이에요.
'반드시'와 마찬가지로 [반드시]라고 발음합니다.

국어 2학년 1학기 5단원 '낱말을 바르고 정확하게 써요' 수록

다음 문장을 소리 내어 읽어 보아요.

몸을 세우고 반듯이 자리에 앉다.   반듯한 학교생활을 하다.
스케치북에 반듯하게 선을 긋다.

빈칸을 바르게 따라 써 보아요.

아	침	에		일	어	나		반	듯	하	게		이
불	을			개	었	다	.						
비	뚤	어	진		모	자	를		반	듯	이		고
쳐		쓰	다	.									

다음 낱말들을 사용해 문장을 만들어 보아요.

반듯하게 / 앉아 / 자리에 / 있었다

_____.

부딪치다

무엇과 무엇이 서로 힘 있게 마주 닿는다는 뜻이에요. [부딛치다]
라고 발음합니다.

통합교과 1학년
1학기 여름 1단원
'우리는 가족입니다'
수록

 다음 문장을 소리 내어 읽어 보아요.

창과 방패가 세게 부딪치다.   한눈을 팔다가 기둥에 이마를 부딪쳤다.
친구와 손바닥을 부딪쳤다.

빈칸을 바르게 따라 써 보아요.

범	퍼	카	들	이		서	로		신	나	게		부
딪	쳤	다	.										
친	구	와			부	딪	치	지		않	도	록		조
심	하	다	.										

다음 낱말들을 사용해 문장을 만들어 보아요.

부딪쳤다 / 책상 / 모서리에 / 머리를 _____ .

부딪히다

어딘가에 세게 닿아진다는 뜻이에요. [부디치다]라고 발음합니다.

다음 문장을 소리 내어 읽어 보아요.

달려오는 자전거에 부딪힐 뻔했다.　　　지나가는 친구에게 부딪혀 넘어졌다.

밥그릇이 숟가락에 부딪히는 소리.

빈칸을 바르게 따라 써 보아요.

갑	자	기		튀	어	나	온		킥	보	드	와	
부	딪	히	고		말	았	다	.					
멈	춰		있	던		배	가		큰		파	도	에
부	딪	혔	다	.									

다음 낱말들을 사용해 문장을 만들어 보아요.

부딪혔다 / 계단을 / 내려오는 / 친구와 ＿＿＿＿＿＿＿＿＿＿＿＿＿＿＿＿＿ .

 # 붇다

어떤 것의 양이나 수가 많아진다는 뜻이에요. [붇:따]라고 발음합니다.

국어 2학년 1학기 5단원 '낱말을 바르고 정확하게 써요' 수록

다음 문장을 소리 내어 읽어 보아요.

비가 많이 와서 개울물이 <u>붇다.</u>

몸무게가 <u>불을수록</u> 작아지는 옷.

재산이 <u>붇는</u> 재미에 빠진 한 사람.

빈칸을 바르게 따라 써 보아요.

물	건		값	이		두		배	로		붇	다	.
강	물	이		점	점		붇	다	.				

다음 낱말들을 사용해 문장을 만들어 보아요.

불었다 / 시냇물이 / 장마로 / 인해 _____.

148

붓다

액체나 가루 따위를 쏟는다는 뜻이에요. '붙다'와 마찬가지로 [붇ː따]라고 발음합니다.

다음 문장을 소리 내어 읽어 보아요.

빈 수조에 물을 <u>붓다</u>.

어머니께서 쌀통에 쌀을 <u>부으셨다</u>.

시리얼을 담은 그릇에 우유를 <u>부었다</u>.

빈칸을 바르게 따라 써 보아요.

가	마	솥	에		물	을		붓	고		밥	을	
짓	다	.											
고	운		모	래	를		통	에		한	가	득	
부	었	다	.										

다음 낱말들을 사용해 문장을 만들어 보아요.

부었다 / 항아리에 / 물을 / 가득

_____ .

불거지다

어떤 일이나 현상이 갑자기 생겨나거나 두드러지게 커진다는 뜻이에요. [불거지다]라고 발음합니다.

국어 2학년
1학기 5단원
'낱말을 바르고
정확하게 써요'
수록

다음 문장을 소리 내어 읽어 보아요.

어린이 안전 문제가 <u>불거지다</u>.

소문이 크게 <u>불거졌다</u>.

나쁜 일로 <u>불거지지</u> 않도록 조심하다.

빈칸을 바르게 따라 써 보아요.

보	이	지		않	던		문	제	점	이		불	거
지	기		시	작	했	다	.						
학	교		폭	력		문	제	가		심	각	하	게
불	거	졌	다	.									

다음 낱말들을 사용해 문장을 만들어 보아요.

불거졌다 / 질서 / 문제가 / 크게

_____.

150

붉어지다

빛깔이 점점 붉게 되어 간다는 뜻이에요. '불거지다'와 마찬가지로 [불거지다]라고 발음합니다.

국어 1학년
2학기 2단원
'소리와 모양을
흉내 내요'
수록

다음 문장을 소리 내어 읽어 보아요.

실수한 친구 얼굴이 점점 붉어지다.　　　나도 모르게 뺨이 붉어졌다.

울음을 참느라 두 눈이 붉어졌다.

빈칸을 바르게 따라 써 보아요.

풍	선	을		열	심	히		불	어		얼	굴	이
붉	어	졌	다	.									
이	야	기	를		듣	더	니		그	의		얼	굴
이		붉	어	졌	다	.							

다음 낱말들을 사용해 문장을 만들어 보아요.

붉어졌다 / 두 뺨이 / 갑자기 / 소녀의 _____ .

복 습 하 기

✏️ 배운 내용을 확인해 보아요.

10주차 월요일   바치다 / 받치다

나라를 위해 몸과 마음을 바치다.

쓰러지지 않게 받침대로 받치다.

_____

10주차 화요일   반드시 / 반듯이

노력하면 꿈은 반드시 이루어진다.

몸을 세우고 반듯이 자리에 앉다.

_____

10주차 수요일   부딪치다 / 부딪히다

창과 방패가 세게 부딪치다.

달려오는 자전거에 부딪힐 뻔했다.

_____

10주차 목요일 붇다 / 붓다

비가 많이 와서 개울물이 붇다.

빈 수조에 물을 붓다.

10주차 금요일 불거지다 / 붉어졌다

어린이 안전 문제가 불거지다.

실수한 친구 얼굴이 점점 붉어지다.

✎ 알맞은 뜻을 찾아 선으로 이어 보아요.

㉠ 받치다 •　　　• ① 어떤 물체나 생각, 행동 따위가 비뚤지 않고 바르다.

㉡ 부딪치다 •　　　• ② 액체나 가루 따위를 쏟다.

㉢ 붓다 •　　　• ③ 어떤 일이나 현상이 갑자기 생겨나거나 두드러지게 커지다.

㉣ 반듯이 •　　　• ④ 어떤 물건의 밑이나 옆에 다른 물건을 대다.

㉤ 불거지다 •　　　• ⑤ 무엇과 무엇이 서로 힘 있게 마주 닿다.

✎ 〈보기〉에서 알맞은 낱말을 찾아 빈칸에 써 보아요.

〈 보 기 〉
받쳤다　　반듯하다　　부딪치고　　붓고　　불거졌다

커다란 그림책을 손으로 _____.

복도에서 뛰다가 _____ 말았다.

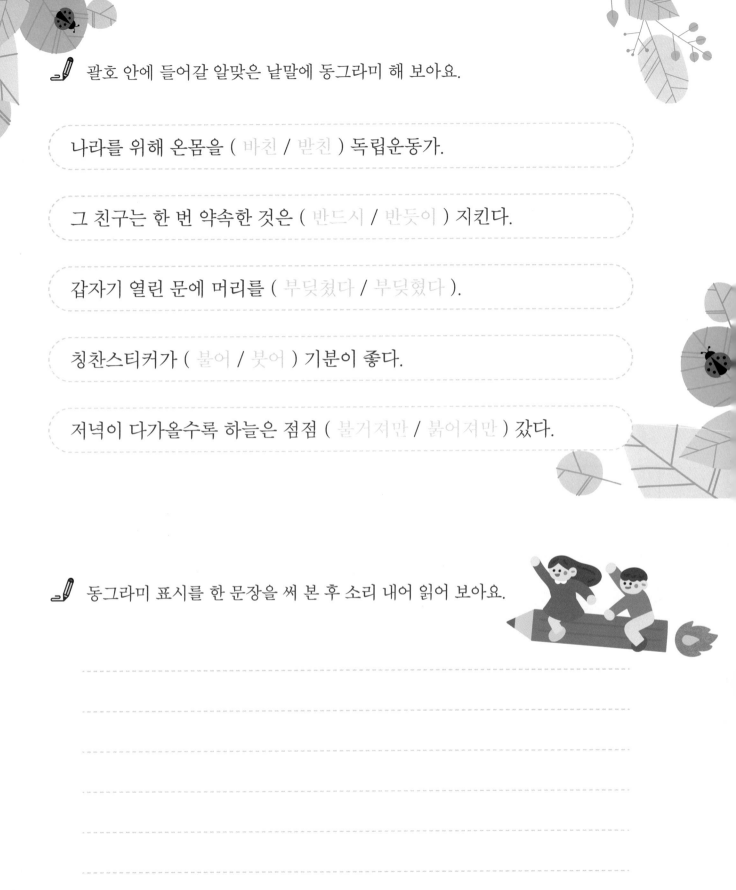

✏️ 괄호 안에 들어갈 알맞은 낱말에 동그라미 해 보아요.

나라를 위해 온몸을 (바친 / 받친) 독립운동가.

그 친구는 한 번 약속한 것은 (반드시 / 반듯이) 지킨다.

갑자기 열린 문에 머리를 (부딪쳤다 / 부딪혔다).

칭찬스티커가 (붙어 / 붓어) 기분이 좋다.

저녁이 다가올수록 하늘은 점점 (붉거지만 / 붉어져만) 갔다.

✏️ 동그라미 표시를 한 문장을 써 본 후 소리 내어 읽어 보아요.

비뚤다

바르지 않고 한쪽으로 기울어져 있다는 뜻이에요. [비뚤다]라고
발음합니다.

국어 1학년
1학기 1단원
'바른 자세로
읽고 쓰기' 수록

 다음 문장을 소리 내어 읽어 보아요.

글씨를 비뚤게 쓰는 습관을 고치다.　　　비뚤어진 책상 줄을 바로잡다.
교실의 시계가 비뚤어져 있다.

✏️ 빈칸을 바르게 따라 써 보아요.

의	자	가		부	러	졌	는	지		조	금		비
뚤	어	져		있	다	.							
액	자	가		비	뚤	게		걸	려		있	다	.

다음 낱말들을 사용해 문장을 만들어 보아요.

비뚤어졌다 / 벽에 / 걸린 / 그림이 ＿＿＿＿＿＿＿＿＿＿＿＿＿＿＿.

비틀다

힘 있게 바싹 꼬면서 튼다는 뜻이에요. [비ː틀다]라고 발음합
니다.

다음 문장을 소리 내어 읽어 보아요.

물에 흠뻑 젖은 걸레를 비틀다.　　　　체조 선수가 몸을 유연하게 비틀었다.
팔소매를 비틀어 움켜잡다.

빈칸을 바르게 따라 써 보아요.

경	찰	이		범	인	의		팔	을		비	틀	어
수	갑	을		채	웠	다	.						
젖	은		빨	래	를		손	으	로		비	틀	어
짜	다	.											

다음 낱말들을 사용해 문장을 만들어 보아요.

비틀었다 / 소매를 / 도둑의 / 잡아 _____ .

비치다

빛이 이르러 환하게 된다는 뜻이에요. [비치다]라고 발음합니다.

통합교과 1학년
1학기 여름 2단원
'여름 나라'
수록

 다음 문장을 소리 내어 읽어 보아요.

어둠 속에서 달빛이 비치다.

햇빛이 비치는 창가에 앉다.

언덕 너머로 붉은 석양빛이 비쳤다.

빈칸을 바르게 따라 써 보아요.

골	목	길	에		가	로	등		불	빛	이		환
하	게		비	쳤	다	.							
구	름		사	이	로		햇	빛	이		밝	게	
비	쳤	다	.										

다음 낱말들을 사용해 문장을 만들어 보아요.

비쳤다 / 은은하게 / 달빛이 / 창문에 _____.

비추다

빛을 내는 무엇이 다른 대상에 빛을 보내어 밝게 한다는 뜻이에요. [비추다]라고 발음합니다.

통합교과 1학년
1학기 봄 2단원
'도란도란 봄 동산'
수록

다음 문장을 소리 내어 읽어 보아요.

태양이 온 세상을 밝게 비추다.   달빛이 잠든 아기의 얼굴을 비췄다.
텐트 안이 어두워 손전등을 비추었다.

빈칸을 바르게 따라 써 보아요.

햇	볕	이		방		안	을		따	스	하	게
비	추	다	.									
의	자	를		환	하	게		비	추	는		가	로
등		불	빛	.									

다음 낱말들을 사용해 문장을 만들어 보아요.

비추었다 / 산마루를 / 달이 / 환하게 _____.

삭이다

분한 마음을 가라앉힌다는 뜻이에요. [삭이다]라고 발음합니다.

국어 2학년
1학기 5단원
'낱말을 바르고
정확하게 써요'
수록

 다음 문장을 소리 내어 읽어 보아요.

결승전에서 진 선수가 분을 삭이다.   우글부글하는 화를 삭이느라 애를 썼다.
분을 삭이지 못하고 숨을 쉬었다.

🖊 빈칸을 바르게 따라 써 보아요.

치	미	는		분	을		삭	이	기		힘	들	었
다	.												
끓	어	오	르	는		화	를		삭	이	려		심
호	흡	을		했	다	.							

 다음 낱말들을 사용해 문장을 만들어 보아요.

삭였다 / 분노를 / 차오르는 / 조금씩 _____.

삭히다

김치나 젓갈 따위의 음식을 오래 담가 맛이 들게 한다는 뜻이에요. [사키다]라고 발음합니다.

국어 2학년
1학기 5단원
'낱말을 바르고
정확하게 써요'
수록

🧑 다음 문장을 소리 내어 읽어 보아요.

멸치를 삭혀 멸치젓을 만들다.　　　식혯밥을 삭혀 맛있는 식혜를 만들다.
김치를 삭히기 위해 통을 옮겼다.

✏️ 빈칸을 바르게 따라 써 보아요.

할	머	니	께	서		새	우	젓	을		삭	히	셨
다	.												
오	랫	동	안		삭	힌		홍	어	를		맛	있
게		먹	었	다	.								

🧑 다음 낱말들을 사용해 문장을 만들어 보아요.

삭혔다 / 맛있게 / 젓갈을 / 요리사가 ＿＿＿＿＿＿＿＿＿＿＿＿＿＿ .

쌓이다

여러 개의 물건이 겹겹이 포개어 얹어 놓인다는 뜻이에요.
[싸이다]라고 발음합니다.

통합교과 1학년
2학기 겨울 2단원
'우리의 겨울'
수록

 다음 문장을 소리 내어 읽어 보아요.

산꼭대기 한쪽에 쌓여 있는 돌무더기.   나무토막이 쌓여 탑처럼 되다.
책상 위에 여러 책을 쌓아 놓다.

✎ 빈칸을 바르게 따라 써 보아요.

벽	돌	을		쌓	아		만	든		멋	진		굴
뚝	.												
하	얀		눈	이		소	복	이		쌓	인		높
은		산	.										

다음 낱말들을 사용해 문장을 만들어 보아요.

쌓였다 / 먼지가 / 오래된 / 책에 _____ .

162

싸이다

무언가에 의해 둘러쌈을 당한다는 뜻이에요. '쌓이다'와 마찬가지로 [싸이다]라고 발음합니다.

📖 다음 문장을 소리 내어 읽어 보아요.

선물이 예쁜 포장지에 싸여 있다.   신문지로 겹겹이 싸여 있는 물건.

보자기에 싸인 맛있는 명절 음식.

✏️ 빈칸을 바르게 따라 써 보아요.

도	자	기	가		튼	튼	한		상	자		안	에
싸	여		있	다	.								
손	수	건	에		싸	인		작	은		꽃	잎	.

📖 다음 낱말들을 사용해 문장을 만들어 보아요.

싸인 / 비닐에 / 음식 / 먹음직스러운 _____ .

앉히다

누군가를 어디에 앉게 한다는 뜻이에요. [안치다]라고 발음합니다.

 통합교과 2학년 2학기 가을 2단원 '가을아 어디 있니' 수록

 다음 문장을 소리 내어 읽어 보아요.

엄마가 아이를 무릎에 앉히다.　　　　사장이 직원들을 자리에 앉혔다.

아버지께서 손님을 의자에 앉히셨다.

✏️ 빈칸을 바르게 따라 써 보아요.

선	생	님	께	서		모	두	를		자	리	에	
앉	히	셨	다	.									
심	판	이			관	중	들	을		제	자	리	에
앉	혔	다	.										

 다음 낱말들을 사용해 문장을 만들어 보아요.

앉히셨다 / 할머니께서 / 따뜻한 / 자리에 _____.

안치다

찌거나 끓일 재료를 솥이나 냄비, 시루 따위에 넣는다는 뜻이에요. '앉히다'와 마찬가지로 [안치다]라고 발음합니다.

국어 2학년
1학기 5단원
'낱말을 바르고
정확하게 써요'
수록

 다음 문장을 소리 내어 읽어 보아요.

밥솥에 쌀을 안치다.

외할머니께서 시루에 떡을 안치셨다.

고구마를 솥에 안쳤다.

✏️ 빈칸을 바르게 따라 써 보아요.

솥	에		감	자	를		안	치	러		부	엌	으
로		가	다	.									
어	머	니	를			도	와		밥	을		안	쳤	다	.

 다음 낱말들을 사용해 문장을 만들어 보아요.

안쳤다 / 씻어 / 쌀을 / 솥에 _____ .

✏️ 배운 내용을 확인해 보아요.

11주차 월요일 비뚤다 / 비틀다

글씨를 비뚤게 쓰는 습관을 고치다.

물에 흠뻑 젖은 걸레를 비틀다.

11주차 화요일 비치다 / 비추다

어둠 속에서 달이 비치다.

태양이 온 세상을 밝게 비추다.

11주차 수요일 삭이다 / 삭히다

결승전에서 진 선수가 분을 삭이다.

멸치를 삭혀 멸치젓을 만들다.

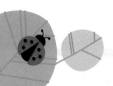

11주차 목요일 쌓이다 / 싸이다

산꼭대기 한쪽에 쌓여 있는 돌무더기.

선물이 예쁜 포장지에 싸여 있다.

11주차 금요일 앉히다 / 안치다

엄마가 아이를 무릎에 앉히다.

밥솥에 쌀을 안치다.

✏️ 알맞은 뜻을 찾아 선으로 이어 보아요.

㉠ 비치다 •   • ① 김치나 젓갈 따위의 음식을 오래 담가 맛이 들게 하다.

㉡ 삭히다 •   • ② 무언가에 의해 둘러쌈을 당하다.

㉢ 앉히다 •   • ③ 누군가를 어디에 앉게 하다.

㉣ 비뚤다 •   • ④ 바르지 않고 한쪽으로 기울어져 있다.

㉤ 싸이다 •   • ⑤ 빛이 이르러 환하게 되다.

✏️ 〈보기〉에서 알맞은 낱말을 찾아 빈칸에 써 보아요.

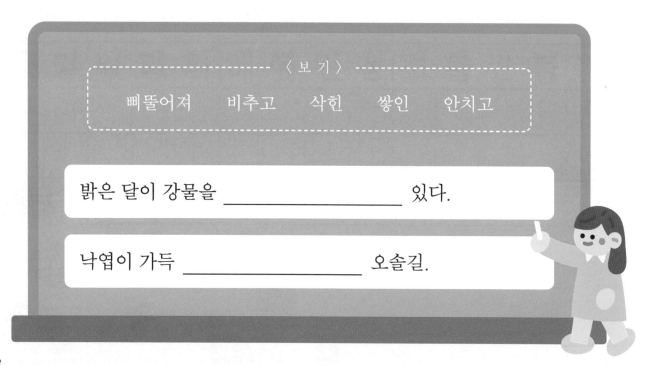

〈 보 기 〉

삐뚤어져   비추고   삭힌   쌓인   안치고

밝은 달이 강물을 ＿＿＿＿＿＿＿ 있다.

낙엽이 가득 ＿＿＿＿＿＿＿ 오솔길.

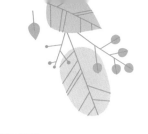

✎ 괄호 안에 들어갈 알맞은 낱말에 동그라미 해 보아요.

젖은 손수건을 (비뚤었더니 / 비틀었더니) 물방울이 떨어졌다.

형광등 불빛이 식탁을 밝게 (비치고 / 비추고) 있었다.

지갑을 도둑맞은 사람이 화를 (삭이고 / 삭히고) 있었다.

아버지께서 소파 위에 (쌓인 / 싸인) 먼지를 털고 계셨다.

아주머니께서 시루에 보자기를 깔고 떡을 (앉히셨다 / 안치셨다).

✎ 동그라미 표시를 한 문장을 써 본 후 소리 내어 읽어 보아요.

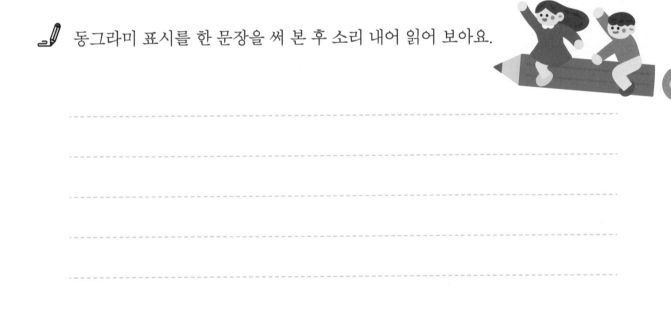

여의다

죽어서 이별하게 된다는 뜻이에요. [여의다]라고 발음합니다.

국어 2학년
1학기 5단원
'낱말을 바르고
정확하게 써요'
수록

 다음 문장을 소리 내어 읽어 보아요.

사고로 부모를 여읜 주인공.　　　　사랑하는 사람을 여의고 슬픔에 빠지다.

부모를 여의었음에도 성공을 이룬 인물.

✏️ 빈칸을 바르게 따라 써 보아요.

전	쟁	으	로		아	버	지	를		여	의	고	
자	랐	다	.										
사	랑	하	는		아	들	을			여	읜		그	가
눈	물	을		흘	렸	다	.						

 다음 낱말들을 사용해 문장을 만들어 보아요.

여의었다 / 주인공이 / 어머니를 / 어린

_____.

여위다

몸에 살이 빠져 마르고 기운이 전혀 없다는 뜻이에요. [여위다]
라고 발음합니다.

 다음 문장을 소리 내어 읽어 보아요.

오랜 병으로 홀쭉하게 여윈 모습.　　　　자식 걱정에 어머니께서 몹시 여위셨다.

오랜만에 만난 청년의 얼굴이 여위었다.

✏️ 빈칸을 바르게 따라 써 보아요.

통	통	한		송	아	지	들		가	운	데		여
윈		송	아	지		한		마	리	.			
오	랜		독	립	운	동	으	로		몸	이		여
위	었	다	.										

🧒 다음 낱말들을 사용해 문장을 만들어 보아요.

여위었다 / 장염으로 / 심한 / 얼굴이 ＿＿＿＿＿＿＿＿＿＿＿＿＿＿ .

이따가

'조금 지난 뒤에'라는 뜻이에요. [이따가]라고 발음합니다.

국어 2학년
1학기 5단원
'낱말을 바르고
정확하게 써요'
수록

 다음 문장을 소리 내어 읽어 보아요.

이따가 이야기하기로 했다.   숙제가 많아 이따가 놀자고 말했다.

이따가 다시 전화한다고 말했다.

✏️ 빈칸을 바르게 따라 써 보아요.

이	따	가		보	자	며		친	구	가		손	을
흔	들	었	다	.									
누	나	와		이	따	가		눈	썰	매	를		타
기	로		약	속	했	다	.						

🧑 다음 낱말들을 사용해 문장을 만들어 보아요.

이따가 / 아이스크림을 / 먹기로 / 했다 _____

있다가

어떤 곳에 머무르며 어느 상태를 이어가다가 다른 동작이나 상태로 바꾼다는 뜻이에요. [읻따가]라고 발음합니다.

국어 2학년
1학기 5단원
'낱말을 바르고
정확하게 써요'
수록

다음 문장을 소리 내어 읽어 보아요.

조금만 더 있다가 나가겠다고 했다.　　　도서관에 있다가 교실로 올라갔다.

숨어 있다가 갑자기 나타난 개구쟁이.

빈칸을 바르게 따라 써 보아요.

거	실	에		있	다	가		방		안	으	로
들	어	갔	다	.								
거	의		다		이	기	고		있	다	가		아
깝	게		졌	다	.							

다음 낱말들을 사용해 문장을 만들어 보아요.

있다가 / 운동장에 / 친구를 / 만났다　＿＿＿＿＿＿＿＿＿＿＿＿＿ .

173

잘하다

어떤 일을 좋고 훌륭하게 한다는 뜻이에요. [잘하다]라고 발음합니다.

국어 1학년
2학기 4단원
'바른 자세로 말해요'
수록

 다음 문장을 소리 내어 읽어 보아요.

피아노 연주와 노래를 모두 잘한다.   요리를 잘해서 무엇이든 뚝딱 만든다.
공부를 잘하고 싶어 책을 많이 읽었다.

✏️ 빈칸을 바르게 따라 써 보아요.

그		선	수	는		축	구	를		잘	해		인
기	가		많	다	.								
종	이	접	기	를		잘	하	고		싶	어		열
심	히		연	습	했	다	.						

👤 다음 낱말들을 사용해 문장을 만들어 보아요.

잘한다 / 줄넘기를 / 누구보다도 / 다른 _____.

잘 하다

무엇을 아무 탈 없이 편하고 순조롭게 한다는 뜻이에요.
[잘 하다]라고 발음합니다.

국어 2학년
1학기 5단원
'낱말을 바르고
정확하게 써요'
수록

다음 문장을 소리 내어 읽어 보아요.

문단속을 잘 하라고 말씀하셨다.　　　　그림 연습을 더 잘 할 수 있게 되었다.
연습을 잘 하도록 자리를 비켜 주었다.

빈칸을 바르게 따라 써 보아요.

선	생	님	의		도	움	으	로		관	람	을	
잘		할		수		있	었	다	.				
의	자	가		편	해		독	서	를		잘		할
수		있	었	다	.								

다음 낱말들을 사용해 문장을 만들어 보아요.

잘 했다 / 사람들 / 앞에서 / 연주를 _____.

젖히다

무엇의 윗부분을 뒤로 기울게 하거나 안쪽이 겉으로 나오게 한다는 뜻이에요. [저치다]라고 발음합니다.

통합교과 1학년
1학기 봄 2단원
'도란도란 봄 동산'
수록

 다음 문장을 소리 내어 읽어 보아요.

몸을 뒤로 젖혀 기지개를 켰다.　　　　자리에서 일어나 커튼을 젖혔다.

고개를 뒤로 젖히고 푸른 하늘을 보았다.

✏️ 빈칸을 바르게 따라 써 보아요.

나	를		부	르	는		소	리	에		이	불	을
젖	히	고		일	어	났	다	.					
호	루	라	기		소	리	에		따	라		몸	을
젖	혔	다	.										

👦 다음 낱말들을 사용해 문장을 만들어 보아요.

젖혔다 / 의자 / 등받이를 / 뒤로 ＿＿＿＿＿＿＿＿＿＿＿＿＿＿＿＿＿.

제 치 다

거치적거리지 않게 처리한다는 뜻이에요. [제치다]라고 발음합니다.

국어 2학년
1학기 5단원
'낱말을 바르고
정확하게 써요'
수록

다음 문장을 소리 내어 읽어 보아요.

여러 명의 수비수를 제치다.

사람들을 제치고 버스에 올라탔다.

사람들을 제치고 뛰어 들어갔다.

빈칸을 바르게 따라 써 보아요.

양	옆	에	서		달	려	드	는		상	대		선
수	를			제	쳤	다	.						
막	고		있	는		상	자	들	을		제	치	고
안	으	로		들	어	갔	다	.					

다음 낱말들을 사용해 문장을 만들어 보아요.

제쳤다 / 골키퍼까지 / 공을 / 몰고 _____ .

좇다

남의 말이나 뜻을 따른다는 뜻이에요. [졷따]라고 발음합니다.

국어 2학년
1학기 5단원
'낱말을 바르고
정확하게 써요'
수록

📖 다음 문장을 소리 내어 읽어 보아요.

장군이 내린 명령을 <u>좇았다.</u>　　　　아버지의 말씀을 <u>좇아</u> 큰 결심을 했다.

누나의 의견을 <u>좇아</u> 분식집으로 갔다.

✏️ 빈칸을 바르게 따라 써 보아요.

국	민	의		뜻	을		좇	기		위	해		노
력	하	다	.										
친	구	가		낸		의	견	을		좇	기	로	
결	정	했	다	.									

📖 다음 낱말들을 사용해 문장을 만들어 보아요.

좇았다 / 어머니의 / 의견을 / 지혜로운 _____ .

쫓다

급한 걸음으로 뒤를 따른다는 뜻이에요. [쫃따]라고 발음합니다.

통합교과 1학년
1학기 봄 1단원
'학교에 가면'
수록

다음 문장을 소리 내어 읽어 보아요.

아버지를 쫓아 가게로 들어갔다.

선수들이 공을 쫓아 운동장을 뛰어다녔다.

서로 쫓고 쫓기는 술래잡기를 하다.

빈칸을 바르게 따라 써 보아요.

앞	서	가	는		형	의		뒤	를		급	히
쫓	았	다	.									
사	냥	꾼	이		사	슴	을		쫓	기		시	작
했	다	.										

다음 낱말들을 사용해 문장을 만들어 보아요.

쫓기 / 시작했다 / 형사가 / 도둑을

복습하기

배운 내용을 확인해 보아요.

12주차 월요일 여의다 / 여위다

사고로 부모를 여읜 주인공.

오랜 병으로 홀쭉하게 여윈 모습.

12주차 화요일 이따가 / 있다가

이따가 이야기하기로 했다.

조금만 더 있다가 나가겠다고 했다.

12주차 수요일 잘하다 / 잘 하다

피아노 연주와 노래를 모두 잘한다.

문단속을 잘 하라고 말씀하셨다.

12주차 목요일　　젖히다 / 제치다

몸을 뒤로 젖혀 기지개를 켰다.

여러 명의 수비수를 제치다.

12주차 금요일　　좇다 / 쫓다

장군이 내린 명령을 좇았다.

아버지를 쫓아 가게로 들어갔다.

알맞은 뜻을 찾아 선으로 이어 보아요.

ㄱ 이따가 •   • 1 조금 지난 뒤에

ㄴ 제치다 •   • 2 몸에 살이 빠져 마르고 기운이 전혀 없다.

ㄷ 좇다 •   • 3 남의 말이나 뜻을 따르다.

ㄹ 여위다 •   • 4 거치적거리지 않게 처리하다.

ㅁ 잘 하다 •   • 5 무엇을 아무 탈 없이 편하고 순조롭게
                         하다.

〈보기〉에서 알맞은 낱말을 찾아 빈칸에 써 보아요.

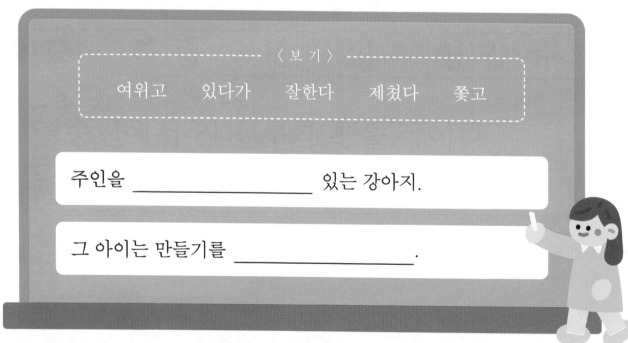

―――――――― 〈 보 기 〉 ――――――――
여위고   있다가   잘한다   제쳤다   쫓고

주인을 _____ 있는 강아지.

그 아이는 만들기를 _____ .

✏️ 괄호 안에 들어갈 알맞은 낱말에 동그라미 해 보아요.

일찍이 부모님을 (여윈 / 여읜) 그는 많은 어려움을 이겨냈다.

방에 오래 (이따가 / 있다가) 나오니 어느새 형이 와 있었다.

태권도를 (잘하는 / 잘 하는) 형은 대회에서 우승했다.

친구와 함께 몸을 (젖히며 / 제치며) 체조를 열심히 했다.

강아지가 반갑게 꼬리를 흔들며 나를 (좇아 / 쫓아) 왔다.

✏️ 동그라미 표시를 한 문장을 써 본 후 소리 내어 읽어 보아요.

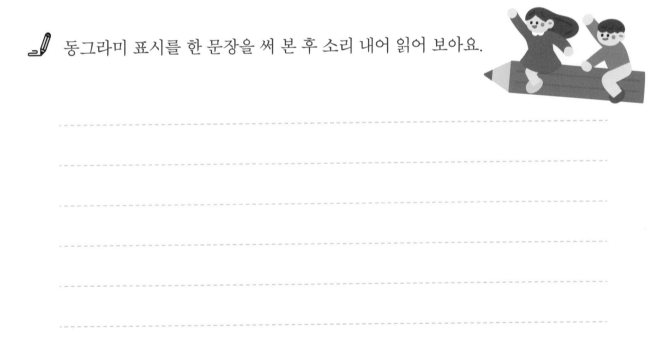

정답 확인하기

1단계 어휘 익히기

1주차

월요일 키가 같다. / 사탕을 갖다.
화요일 정리를 거들다. / 무당벌레를 건드렸다.
수요일 동굴이 깊다. / 구멍을 기웠다.
목요일 노끈을 끊다. / 라면이 끓다.
금요일 자식을 낳다. / 천장이 낮다.

024쪽
㉠ - ③, ㉡ - ⑤, ㉢ - ①, ㉣ - ④, ㉤ - ②
거드셨다 / 같은

025쪽
갖다 / 거들었다 / 깊었다 / 끓고 / 낮게

2주차

월요일 거북이는 느리다. / 엿가락을 늘였다.
화요일 윗옷을 다리다. / 보약을 달이다.
수요일 생김새가 닮았다. / 그릇에 담다.
목요일 물에 닿다. / 발톱이 닳다.
금요일 교실이 덥다. / 신문지로 덮다.

038쪽
㉠ - ①, ㉡ - ④, ㉢ - ⑤, ㉣ - ③, ㉤ - ②
닮아 / 더웠다

039쪽
느리게 / 다리고 / 담았다 / 닿았다 / 덮었다

3주차

월요일 목도리를 매다. / 짐을 메다.
화요일 잔디를 밟다. / 달빛이 밝다.
수요일 향기가 배다. / 무릎베개를 베다.
목요일 왕만두를 빚었다. / 솔빗으로 빗다.
금요일 접시를 엎다. / 동생을 업다.

052쪽
㉠ - ②, ㉡ - ④, ㉢ - ①, ㉣ - ⑤, ㉤ - ③
빗어 / 밟았다

053쪽
매고 / 밝은 / 베도록 / 빗어 / 엎어

4주차

월요일 발이 작다. / 우유가 적다.
화요일 물에 젖다. / 반죽을 젓다.
수요일 벽돌집을 짓다. / 큰 개가 짖었다.
목요일 작대기를 짚다. / 조약돌을 집다.
금요일 보리를 찧다. / 포장지를 찢다.

066쪽
㉠ - ④, ㉡ - ①, ㉢ - ③, ㉣ - ⑤, ㉤ - ②
젖은 / 짚고

067쪽
작은 / 젖었다 / 짖어 / 짚고 / 찢었다

2단계 어휘 익히기

예는 예시 답안으로 낱말의 위치가 바뀌어도 문장의 의미가 같다면 정답으로 인정됩니다.

5주차

월요일 예 빵을 반으로 갈랐다. / 경기의 일인자를 가리다.
화요일 종이학 접기를 가르쳤다. / 칠판의 그림을 가리켰다.
수요일 태풍이 이웃 나라를 거쳤다. / 아침 안개가 걷혔다.
목요일 세탁기 버튼을 누르다. / 승리의 기쁨을 누렸다.
금요일 예 어제와 날씨가 다르다. / 일기 예보 내용이 틀렸다.

082쪽

㉠ - ②, ㉡ - ③, ㉢ - ①, ㉣ - ④, ㉤ - ⑤
가르셨다 / 거쳐서

083쪽

가리기 / 가리켰다 / 걷히고 / 누르다 / 다른

6주차

월요일 솜이불이 매우 두껍다. / 마을 사람들끼리 정이 두텁다.
화요일 친구들의 웃음소리가 들린다. / 예 하굣길에 문구점을 들렀다.
수요일 예 바닷속에 보물이 묻혔다. / 예 반찬으로 봄나물을 무쳤다.
목요일 많은 일을 벌였다. / 예 양팔을 옆으로 벌렸다.
금요일 예 게시판에 사진을 붙였다. / 예 친척에게 소포를 부쳤다.

096쪽

㉠ - ⑤, ㉡ - ④, ㉢ - ②, ㉣ - ③, ㉤ - ①
두꺼운 / 붙이셨다

097쪽

두텁다 / 들렀다 / 무치셨다 / 벌이다 / 붙였다

7주차

월요일 도움을 준 형에게 빚졌다. / 예 번개가 번쩍하고 빛났다.
화요일 돼지고기를 삶을 것이다. / 예 정직을 가훈으로 삼다.
수요일 넘어진 허수아비를 세웠다. / 예 뜬눈으로 밤을 새웠다.
목요일 예 부지런히 연습을 시켰다. / 예 계곡에서 더위를 식혔다.
금요일 예 옥수수 알갱이로 팝콘을 튀겼다. / 껍질을 벗긴 알맹이.

110쪽

㉠ - ①, ㉡ - ③, ㉢ - ④, ㉣ - ⑤, ㉤ - ②
삼다 / 식혀

111쪽

빚진 / 삶아 / 세웠다 / 식혀서 / 알맹이

8주차

월요일 예 손가락으로 하트를 이루었다. / 예 제때 약속 장소에 이르렀다.

화요일 자물쇠 비밀번호를 잊어버렸다. / 새로 산 크레파스를 잃어버렸다.

수요일 다리부터 무릎까지 저렸다. / 예 무를 소금에 절였다.

목요일 주인공이 배를 주렸다. / 학용품 낭비를 줄이다.

금요일 양말 뒤꿈치가 해어졌다. / 약속 시간을 정하고 헤어졌다.

124쪽	125쪽
㉠ - ③, ㉡ - ②, ㉢ - ⑤, ㉣ - ①, ㉤ - ④ 이룰 / 줄였다	이르렀다 / 잃어버리지 / 저려 / 줄이겠다고 / 해어져

3단계 어휘 익히기

예는 예시 답안으로 낱말의 위치가 바뀌어도 문장의 의미가 같다면 정답으로 인정됩니다.

9주차

월요일 예 간신히 거센 산불을 걷잡았다. / 예 놀이터의 크기를 겉잡아 말하다.

화요일 예 파란 자동차가 눈에 띄었다. / 예 얼굴에 환한 빛을 띠었다.

수요일 예 그는 대번에 답을 맞혔다. / 예 깨진 조각을 원래대로 맞췄다.

목요일 예 아직은 혼자서는 연주를 못한다. / 예 시간이 없어서 구경을 못 했다.

금요일 친구의 성공을 바라고 있다. / 여름 햇볕에 종이가 바랬다.

140쪽	141쪽
㉠ - ②, ㉡ - ④, ㉢ - ③, ㉣ - ⑤, ㉤ - ① 띄었다 / 바라고	걷잡을 / 띠기 / 맞혔다 / 못 했다 / 바란다

10주차

월요일 예 그는 환경 운동에 열정을 바쳤다. / 예 음료수 잔을 쟁반에 받쳤다.

화요일 예 반드시 제시간에 도착해야 한다. / 예 반듯하게 자리에 앉아 있었다.

수요일 예 책상 모서리에 머리를 부딪쳤다. / 계단을 내려오는 친구와 부딪혔다.

목요일 예 장마로 인해 시냇물이 불었다. / 예 항아리에 물을 가득 부었다.

금요일 질서 문제가 크게 불거졌다. / 예 갑자기 소녀의 두 뺨이 붉어졌다.

154쪽	155쪽
㉠ - ④, ㉡ - ⑤, ㉢ - ②, ㉣ - ①, ㉤ - ③ 받쳤다 / 부딪치고	바친 / 반드시 / 부딪쳤다 / 불어 / 붉어져만

11주차

월요일 벽에 걸린 그림이 비뚤어졌다. / 예 도둑의 소매를 잡아 비틀었다.

화요일 예 달빛이 창문에 은은하게 비쳤다. / 예 달이 산마루를 환하게 비추었다.

수요일 예 차오르는 분노를 조금씩 삭였다. / 예 요리사가 젓갈을 맛있게 삭혔다.

목요일 예 오래된 책에 먼지가 쌓였다. / 비닐에 싸인 먹음직스러운 음식.

금요일 예 할머니께서 따뜻한 자리에 앉히셨다. / 예 쌀을 씻어 솥에 안쳤다.

168쪽

㉠ - ⑤, ㉡ - ①, ㉢ - ③, ㉣ - ④, ㉤ - ②

비추고 / 쌓인

169쪽

비틀었더니 / 비추고 / 삭이고 / 쌓인 / 안치셨다

12주차

월요일 예 어린 주인공이 어머니를 여의었다. / 예 심한 장염으로 얼굴이 여위었다.

화요일 예 아이스크림을 이따가 먹기로 했다. / 예 운동장에 있다가 친구를 만났다.

수요일 예 다른 누구보다도 줄넘기를 잘한다. / 예 사람들 앞에서 연주를 잘 했다.

목요일 예 의자 등받이를 뒤로 젖혔다. / 공을 몰고 골키퍼까지 제쳤다.

금요일 예 지혜로운 어머니의 의견을 좇았다. / 예 형사가 도둑을 쫓기 시작했다.

182쪽

㉠ - ①, ㉡ - ④, ㉢ - ③, ㉣ - ②, ㉤ - ⑤

쫓고 / 잘한다

183쪽

여읜 / 있다가 / 잘하는 / 젖히며 / 쫓아